鹿砦社 LIBRARY 010

日本人妻は、なぜ不倫をするのか

井川楊枝 著

鹿砦社

序章

近年、タレントの矢口真里をはじめ、山尾志桜里衆議院議員、女優の斉藤由貴、藤吉久美子と、著名人女性の不倫報道が世間を賑わせている。

かつては「不倫は男の甲斐性」と呼ばれていたように、不倫といえば、余力のある既婚男性が女性に手を出すのが一般的なケースだった。男の場合、妻以外の女性も経済的に養い、そのケアをできるのであれば、不倫が許容される一面があった。

しかし、昨今、その様相が一変している。浮気調査では業界ナンバーワンと評されているMR探偵事務所の岡田真弓社長が語る。

「当社は2003年に設立したんですが、浮気調査に関して言えば、設立当初はご主人が浮気していないか、奥様からの依頼調査がほぼ8、9割を占めていました。ですが、現在は6割ぐらいまで減っていて、その代わりに、奥さんが浮気していないか、その調査が4割ぐらいに増えているんです」

世の多くの男性が妻の浮気を疑っているのが、今の日本なのである。

そんな世相を反映してか、不倫をテーマとしたドラマ『昼顔～平日午後3時の恋人たち～』（2014年）をはじめ、女性の不倫を題材とした漫画やドラマが増えてきている。

一方、不倫に対する世間のバッシングも大きい。前述の矢口真里は芸能活動休止を余儀なくされ、山尾志桜里議員は民進党を離党。斉藤由貴は、2本のCMを降板し、NHKの大河ドラマの出演も辞退するなど、甚大な損害を被った。

さらに昨今の不倫報道で注目すべき点は、たとえ相手が既婚男性で、女性が独身者のケースであっても、女性側がバッシングされることだ。タレントのベッキーや、今井絵理子参議院議員がそのケースにあたる。

独身のベッキーは、既婚者のミュージシャン・川谷絵音との不倫発覚後、全ての仕事をキャンセルせざるを得なくなった。今井絵里子議員の場合、相手の男性は既に妻と別居していて離婚協議中だったが、そんな状況が免罪符になることはなく、やはり世間から強い非難を受ける。知名度の問題もあるのかもしれないが、既婚者の男性側よりも、女性たちのほうが世間の非難の矢面に立ったように見受けられる。

小室哲哉、米米ＣＬＵＢの石井竜也、桂文枝など、男性の大物芸能人の不倫も発覚したが、さほど世間ではバッシングがなされなかった。こうした事例から見えてくるのは、既婚未婚に拘わらず、女性は不倫してはいけないという考えが、日本には根付いていることだ。男性よりも女性の浮気のほうが、罪深いものと認識されているのだ。

なぜだろうか。

それは女性の不倫が許容されることによって、日本人が長年、理想として思い描いていた夫婦像が壊されるためだろう。

日本人の夫婦像に大きな影響を与えたのが、１８９８年に制定された家制度だ。

家制度とは、戸主が家の統率者となることが定められた法律である。戸主は、父親や長男が選ばれる。そこで父親が一家の大黒柱となり、妻がその家を円滑にするためサポートをするという体制が築かれた。

家制度は第二次大戦後、日本国憲法の施行をもって廃止されたものの、そんな封建的な価値観は、日本人の意識レベルでは今でも残っている。日本は世界的に見ても専業主婦の割合が高いことがその一例だ。２０１３年の厚生労働省の調査では、61％の女性が「女性には家事や子育てなど、仕事をするよりもやるべきことがあると思う」と答え、29％は「夫がしっかり働けるようにサポートするのが妻の役目」と回答した。ここまで多くの女性がこうした意識を持つことは、先進国にあっては非常に珍しい。

専業主婦とは「家を守る存在」であり、言葉を換えれば「家に縛りつけられる存在」だ。だからこそ、主婦たちが家のことをおろそかにして不倫するのは、けしからんという話になる。昨今の不倫バッシングは、こうした旧来の価値観に則っている。

そんな中、その価値観が揺らぎ始め、不倫妻がにわかに増加しているというのが、まさに今起こっていることだ。

旧来の結婚システムの中で生活を営む人たちと、そこからはみ出てしまった人――すなわち不倫妻の間で激しくぶつかり合っているのである。

最初に本書における私の立場を明確にしておくと、私は、不倫の是非を語ることにはなんの関心もない。それは、その国の法律、結婚観によって論じられる類のものだからだ。

ヨーロッパの一部の国においては、結婚よりもゆるい制度であるパートナー制度が誕生しているが、今後、日本においても、今のような厳格な結婚システム以外の制度が生まれる可能性もあるだろう。そうなったとき、不倫の概念も、ただの恋人同士の浮気程度に捉えられる日が来るかもしれない。

今の日本社会は「不倫はいけないもの」だという認識によって営まれている。それは疑いようのない事実で、そこに議論を挟む余地はない。となると、むしろ私が関心を持ったのは、なぜ、妻たちは、好ましくないとされている不倫をしてしまったのか、不倫をすることによって彼女たちは本当に幸せをつかんでいるのか、そして不倫によって引き起こされる生々しいドラマの顛末だ。

今回、十数人の不倫妻のインタビューを行った。そこから見えてきたのは、やはり今の結婚制度が既にこの国には合わなくなってきているがために、多くの妻たちがその枠から外れてしまったのではないかということだった。

私は41歳にして未婚なのだが、既婚者からよくこうアドバイスされる。

「身を固めたほうがいい」

「人生は夫婦が寄り添って歩いたほうが楽しい」

しかし、取材をすればするほど、その言葉がなんの説得力を持っていないことを実感した。

結婚によって抱え込まなければならないこと、離婚の際の損失、現代社会における家族における夫の位置づけなど、諸々の点を考え合わせた場合、今の時代、結婚しないことを選ぶのはごく自然なことだ。

もしも幸せな結婚を送っている人、夢見ている人は、この本は手に取らないほうがいい。夫婦寄り添って幸せな生活を築くことこそが日本人の美徳などと考えている方も、読んでも苛立つだけなのでお勧めしない。

ただ、今の日本社会がどういう道をたどっているのか、不倫妻たちがなぜ、不倫をして、それによって何を得られたのか、その生々しい声に関心がある方は、その興味のご期待に添える内容になっているのではないかと思う。

第1章 ―― 意見が分かれる不倫の良し悪し

世の人々は不倫に対してどういう思いを抱いているのか。今回の執筆にあたって、周りの人に尋ねてみた。

片桐茜（24歳・仮名）は、私が経営する編集プロダクションの社員だ。同人誌の漫画執筆活動をしていて、自他ともに認めるオタクである。

「不倫している人は信用できないし、友達にもなりたくないですね。だって、結婚相手にも子どもにもウソをついているわけでしょ？　平気でウソもつける人なんです。一番大事な家族も裏切ってるんだから、そんな人は誰でも裏切りますよ」

その言葉は手厳しい。そして彼女は続ける。

「結婚って、夫婦の契約ですよね。結婚式をやったんだったら、友人とか親とかの前でも誓ったんでしょ？　契約を破るんだったら、まず契約した相手に対して話すのが筋です。相手がＯＫって言うならべつに不倫してもいいけど、約束を破るときは一方的に破ったらダメ。２時に会おうという約束を破っただけでも、信頼は崩れるじゃないですか。人生で一番大事な約束を破る人の何を信用すればいいんですか？」

交際相手に浮気された経験でもあるのかと邪推したくなるほど、彼女は、不倫する人間を容赦なく否定する。

もっとも法律と照合すれば、彼女の言葉は正論だ。結婚は男女間で交わされる契約である。婚姻中の夫婦は貞操義務を負い、どちらかが不貞行為を行った場合、相手方は離婚の訴えを提起できると民法第７７０条には記載されている。不倫が好ましくないのは「結婚」という契約に判を押したのに、それに反した行為を取っているためだ。

しかし、私の周りでは、不倫に理解を示す声も一方では聞こえた。

「昔は不倫に嫌悪感があったけれど、いざ結婚してみると……不倫したくなる気持ちは分からなくはないですね」

結婚7年目の40代前半の主婦のSさんは苦笑混じりに語る。

旦那とは2年間の交際の末に結婚。その後、子どもを2人生んだものの、今はセックスレスとなり、お互いにただの同居人のような存在になっている。そんな彼女は、前出のドラマ『昼顔』にのめり込んだ時期があった。当時は、ヒロインを務めた上戸彩のように運命的な相手と巡り合い、不倫したいと夢想したこともあったようだ。

私は現在、41歳。その交流関係もおおむねアラフォーの男女で、おおむね結婚してからある程度の年月が経っている人たちが多い。その年頃になると、セックスレスや不仲とまではいかないまでも、新婚当初のアツアツだった頃の関係をパートナーと維持している者はほとんどいない。

それは科学的にも説明できることだった。人は、恋をすると恋愛ホルモン（PEA）が脳内から分泌され、胸がドキドキするといった生体反応が現れる。しかし、その生体反応というのは、身体にとって負担となるため、せいぜい3年間しか続かないようになっている。

年月が経つと、パートナーに対して、かつてのようにトキメキを持って接することができない。その代わりに信頼や安心感を覚え、「空気のような存在」とも形容されるように、そこにいるのが当たり前の存在になっていく。

「旦那のことは嫌いじゃないけど、また恋ができるなら恋がしたいですよね」

Sさんの率直な思いは、世の多くの主婦が同様に願っていることだろう。

女性の男性化が始まっている

私と同い年である主婦ライターの如月小百合さんは、数多くの不倫記事を執筆してきた。彼女の周りには多くの不倫妻がいる。

「女同士で集まって飲み会したら、不倫の話はよく出てきますね。あくまでも私の周りでではありますけど、不倫妻には共通していることがあります。それは、女として自信があること。みんな、自慢げにその体験を語るんですよ。昔は、男の人が武勇伝的に色んな女とつき合っていると自慢していたと思うんですけれど、今は女の人がそういう感じになってきているのかなと思います」

不倫は恥ずべきことではなく、自慢すべきことになってしまったのだろうか。如月さんの話を聞いていると、日本人妻の意識は大きく変わってきているように思える。

なお、本のタイトルにも銘打っているが、本書ではあくまでも「日本人妻の不倫」に限って取り上げていく。それは近年、日本において既婚女性の間で何かしら変化が起こりつつあるからではないかと思われるためだ。

男の不倫に関しては、「浮気は男の甲斐性」などの言葉があったように、ある程度、社会的に寛容されているところはあった。しかし、昨今は、「男は浮気する生き物」ではなく、「女は浮気する生き物」とでも形容したほうがいいようになってきている。

女性の著名人の不倫が相次ぎ、週刊誌でも不倫妻の特集がこぞって組まれている。女性の不倫を題材としたドラマなども、数多く制作されている。

その転換期として私が象徴的に感じたのは、２０１３年、タレントの矢口真里の不倫騒動だった。

矢口真里は、旦那が地方ロケでいない間を見計らって、飲み会で一緒に飲んでいたモデル男性を自宅に連れ込んだ。翌朝、ロケを早めに切り上げて帰宅した旦那が、不倫相手と半裸でベッドに横たわっている彼女の姿を目撃したことで、ひと悶着起こる。

モデル男性を自宅へ連れ込んだ矢口真里は、受け身ではなくて、あくまでも自身が主体となって不倫を楽しんでいるように見受けられた。それはまさに、主婦ライターの如月さんが言うように、「男性的な不倫」だった。

そんな矢口真里に対して、世間の報道はバッシング一辺倒だったが、はたして、そのとき世の人々は皆、矢口真里に強い嫌悪感を持っていたのかというと疑問だ。共感とは言わないまでも、ある程度理解を持っていた主婦も多かったのではないかと、のちの世の流れから思えるのだ。

それを証明するのが、翌年のドラマ『昼顔』のヒットだった。このドラマでは、ヒロインの主婦・笹本紗和を演じる上戸彩が、斎藤工演じる生物教師の北野裕一郎と恋に落ちる。北野は既婚者で、それは道ならぬ恋だった。

紗和は旦那とセックスレスという問題を抱えつつも、取り立てて仲が悪いわけではない。そして旦那は「お人好しで妻思いの人物」として描かれており、彼はＤＶ（ドメスティックバイオレンス）でもなければギャンブル狂でもない。なのに、なぜ紗和が不倫に走ったかというと、旦那よりもいい男が目の前に現れたということに尽きる。

不倫に強い嫌悪感を持っている主婦であれば、そもそも、このヒロインには感情移入できないだろう。たとえ旦那にかつてのような恋愛感情を覚えなくなったとしても、その関係を維持しなければならないのが夫婦だからだ。

この物語が一定の支持を得たというのは、不倫願望を持つ主婦がいかに多いかの現れといえるのではないだろうか。

50%以上の妻が不倫経験あり？

世に不倫妻はどれだけいるのだろうか。データを見てみたい。

相模ゴム工業株式会社は２０１３年、１万4,１００人に対して「ニッポンのセックス」というテーマで調査を行った。アンケートの中には、結婚相手や交際相手がいる男女に対し、「その相手以外にセックスする相手はいるか」という質問項目があった。

それによると、男性26・９％、女性16・３％が「いる」と答えている。男性が４人にひとり、女性が６人にひとりぐらいの割合だ。やはり、男性のほうが多いが、女性もそこそこの数だ。

では、ここで30代、40代の「特定の相手が1名いる」に限って見てみると、30代の場合、男性16・０％に対して女性が15・９％とほぼ同数となっている。

さらに40代においては、男性14・３％に対して女性が17・９％と、むしろ女性が上回る結果が出ていた。30代と40代の割合を足して見てみると、女性のほうがむしろ浮気率が高くなっていたのだ。

厚生労働省の調査によると、近年平均初婚年齢は、男女おおむね29〜31歳の推移となっている。10代後半から20代前半にかけて就職し、30歳前後に結婚するというのが、平均的な日本人の姿であろう。30代から40代にかけては、家庭生活においては子どもが生まれ、新たな家族関係が構築される時期だ。そんな人生の核となる年頃において、男性よりも女性のほうが浮気率が高いというデータ結果は驚くべきことだった。

別の調査結果も見てみよう。『恋愛.jp』のネットアンケート（２０１５年）によると、53％の妻が不倫経験ありと答えており、これが雑誌の『婦人公論』になると、65・5％（２０１３年）にまで跳ね上がる。

この両媒体は読者層に偏りがあるかもしれないが、不倫妻がにわかに増殖しているデータの参考の一端にはなる。

不倫妻が増えた理由は？

不倫妻はなぜ、今、ここまで増えているのか。

東京にあるＭＲ探偵事務所は、浮気調査を得意としており、業界トップクラスの相談件数を誇る。代表の岡田真弓さんに原因を尋ねると、真っ先に「女性の社会進出」

という答えが返ってきた。

「近年の日本は、経済的に厳しくなっているので、共稼ぎが増えています。女性が社会に出ると、ストレスが溜まります。そんなストレス発散の手段として、浮気に走ることもあるでしょう。また社会進出することによって出会いが増えますが、それも不倫増加の要因となっていると思います」

厚生労働省の1980年の統計によると、「共働き世帯」は614万世帯で、「専業主婦世帯」は1,114万世帯となっていた。当時は圧倒的に専業主婦のほうが多くて、むしろ共働きの世帯のほうが珍しかった。しかし、その約35年後の2014年の統計を見てみると、「共働き世帯」は1,077万世帯で、「専業主婦世帯」は720万世帯となっている。その比率が逆転している。

旦那が外で稼いで、そのお金を家に入れる。妻は縁の下の力持ちとなって、専業主婦として家を切り盛りするのが、かつての日本の家族像だったが、不況の今は夫婦で稼ぐのが主流となっている。女性がお金を稼ぐほど、女性の権利が強くなるのは当たり前のことだ。

また、女性の社会進出に付随して、女性の幸せの形も変わってきている。昔は「素敵な旦那さんのお嫁さん」になることを夢見ていた女性も多かったが、今は、働くことに生きがいを感じ、キャリアウーマンを目指す女性が多い。女性の男性化という社会現象は、必然的に起こったことなのだ。

岡田さんは続いて、昨今の不倫報道も不倫妻増加に拍車をかけていると指摘する。

「女性の著名人が不倫すると、それがニュースとして報道され、世間のバッシングが起こります。ですが、この報道を見た人の中には、逆に『あんな有名人ですらやっているんだ。だったら私も……』と考える人はいるはずです」

世間でバッシングされているから不倫をやめようと考えるのではない。むしろ、加熱する報道が、心の奥底に潜んでいる願望に火を点けてしまうのか。そして、不倫増加にもうひとつ、大きな役割を果たしているものがある。それがインターネットだ。

「昔は不倫体験なんて周りに言えなかったと思うんですね。でも、それがネット上だったら、匿名で言えます。そういう体験談を見ると、不倫って特別なことじゃないのかもしれないと思ってしまいますよね」

「不倫」「ブログ」といったキーワードで検索すると、自身の不倫体験を赤裸々に綴るブログが有象無象に出てくる。

ネットの誕生によって、不倫妻たちは、外に吐き出したくて仕方のないその秘めた体験を匿名で吐露できるようになった。そして、それを見た妻たちが触発されることで不倫妻が量産されている。

また、ネットといえば、今やSNSは欠かせない。私の身近なところだと、中学校時代の同級生がフェイスブックに登録したところ、学生時代に片思いしていた同級生と再会し、連絡を取り合っているうちに不倫に走るというケースもあった。

女性の社会進出、著名人の不倫報道、インターネット――岡田さんが指摘する、これらの要因によって、日本人妻の不倫が加速的に増加していたのだ。

優先される「個人」の幸せ

かつては不倫といえば、罪悪感を覚えるものであったはずだが、そんな意識面においても近年は大きな変化が現れている。

前出の『婦人公論』のアンケートにおいて全体の65・５％が不倫経験ありという驚きの結果が出ていたのは先にご紹介した通りだ。そしてそんな経験者に対して「罪悪感を覚えるか」という質問事項も設けられていたのだが、なんと70％以上が「（その不倫に対して）罪悪感がない」と答えていた。

前出の主婦ライターの如月さんは、不倫妻をウォッチするうちに、彼女たちは自己正当化がうまいと感じたという。

「不倫をしている人たちのフェイスブックを見ていると、例えば、作家の瀬戸内寂聴さんの『あなたはあなたの生き方でいい』みたいな前向きのボットに『いいね！』を押す傾向が強く見られます。自分にとって都合のいい情報を集め、社会的な責任からはあえて目を逸らすようにしているんでしょうね」

不倫妻たちは、世の否定的な意見には強いて目を向けず、「自分たちの生きたいように生きる」人生を選択しているのかもしれない。世のルールよりも優先されるべきは、「個」の幸せなのだ。

そしてこれは不倫に限ったことではなく、今という時代を象徴する生き方でもある。

私自身もそうなのだが、私の周りには、40歳を過ぎても未婚の男女は数多く存在している。一見すると、彼らは、不倫妻とは対照的な生き方を選んでいるようにも思えるが、両者には共通点が多い。

松崎さん（41歳・仮名）は、世間で名の知られているIT系の企業に勤めていて、年収も人並み以上に稼いでいる。妻子を養うだけの経済力は十分にあるが、結婚はしていない。彼の口癖は、「結婚するメリットが感じられない」だ。

「結婚すると、相手の親とかも抱え込まなきゃいけないからね。やらなきゃいけない義務も増えるし、気を遣う。もちろん自分が使えるお金も少なくなる。性欲はあるけれど、それは風俗でも十分に解消できるから」

彼の両親は、早く身を固めて欲しいと願っているが、松崎さんは自由気儘な人生を送り続けている。また、冒頭で不倫行為を否定した私の会社の社員である片桐茜も「生涯結婚しなくていい」と語る者のひとりだ。

「漫画とかアニメとか、ゲームとか、恋愛や結婚以外に楽しいことがたくさんあるじゃないですか。私は子どもも育てる自信もないし、責任を取れないことはやらないほうがいいと考えているので、子どもが欲しいからって結婚なんてしません。あと、セックスも好きじゃないです。セックスって、人間の五大欲求のように言われたりするじゃないですか。でも、食欲とか睡眠欲とかと比べると人生に必要なものだとは思えないんですよね」

男女が交際していく上でセックスは重要な要素として位置づけられている。しかし性欲は、個人差が大きい。

リクルート「R25」編集部が２０１５年に20～30代の独身女性２００人に、恋人とセックスする気が起きなかった経験があるかを尋ねるアンケートを行った。結果は、58・5％が「ある」と答えた。さらにこれらの女性にその理由を質問したところ、その１位となった回答は「そもそも性行為があまり好きじゃないから」で、33・３％だった。つまり、総体としておよそ女性の２割はセックス嫌いなのである。

セックスが嫌いな人たちにとっては、セックス行為をしなければ円滑に関係が築けない男女交際や結婚というのは面倒臭いものでしかない。そんな行為を強いられるぐらいであれば、むしろ結婚などしたくないと考えても仕方ないだろう。

片桐は、さらに結婚しない理由を挙げる。

「私が何より嫌なのは、結婚すると、女としても、人としても終わる感じがするからです。人妻というのは、私にとっては、家とか社会とか、色んなものに束縛されて支配されているイメージですね。結果的に色んなものから除外されちゃう、悲しい存在だと思うんです」

世の既婚者に対して失礼な言葉を並べ立てているようにも思えるが、そんな彼女の言葉は今の若い女性に一定の支持を得るものなのかもしれない。

これが一昔前だったらまったく共感は得られなかっただろう。昭和であれば、結婚することが当たり前だった。そんな社会の中で、「個人としての自由を得たいがために結婚したくない」という身勝手な論理は、まかり通らない。むしろ結婚していない者こそが、人として終わっている存在（何かしら欠落している者）だと見なされたのだ。

結婚適齢期になっても独り者だったら、親や親戚がお見合いを勧める。また、近所のお節介なおばさんが、無理やりにでも独身者同士を引き合わせてくれる。かつては、そんな密に繋がったコミュニティーが全国どこにでも存在していたものだった。

未婚率は年々、増加の一途をたどっている。

人口問題研究所が２０１７年に発表した調査によると、２０１５年度の生涯未婚率は男性が23・３％、女性は14・０％で、前回調査の２０１０年度と比べると3ポイント以上増加している。そして、このままいくと、２０３０年の男性生涯未婚率は29・０％、女性生涯未婚率は19・２％に達すると予測されている。今後十数年のうちに、男性の3人にひとり、女性の５人にひとりは生涯独身という道を歩むことになる社会が到来するのだ。その中には結婚したくてもできない人もいるだろうが、あえて結婚しないという選択を選ぶ人たちも多分に含まれていることだろう。

不倫妻にしても、あえて結婚しない男女にしても、ともに「個」を重視して、自分の生きたいように生きている人たちだ。彼らは、結婚という社会規範に囚われず、自身の欲望に忠実に生きているのである。

不倫を見ていく上で、こうした時代の流れは押さえておかなければならない。個か、社会規範といった選択を迫られた際、現在は、社会規範のほうの力がだいぶ弱くなっているというのが実情だ。

しかし一方で不倫に対する世間の反発がいまだに強いのも事実。

次章では、そんな不倫バッシングについて考察してみたい。

第2章――不倫バッシングの構造

著名な女性の不倫が発覚するたびにバッシングが渦巻く。ここ数年の日本で繰り返されていることだ。

私は不倫に対していい感情は抱いていないものの、こうしたニュースにはさほど興味も起こらない。それはニュースにするほどのものなのだろうかというのが率直な感想だ。彼女たちが不倫をしていてもなんら不思議ではない類の人たちであることが、そんな思いに拍車をかけている。

不倫報道されている人たちはおおむね稼ぐ能力を有している。タレントの矢口真里しかり、山尾志桜里議員しかり、女優の斉藤由貴しかり、一般人よりも格段に所得が多い。「不倫は男の甲斐性」といわれていた時代は、稼ぎのいい男たちが、正妻以外の相手を持つことが当たり前とされていた。そして現在は、前章で記載したように、女性がより社会に進出するようになり、女性が男性化している時代となっている。男以上に働いていて、外の世界で活躍する彼女たちが不倫することには意外性も何も感じなかったのだ。

そして、彼女たちの選択した職業の質も、不倫に走りやすい要因となっている。自身の実力でのし上がらなければならない芸能人は、レールの敷かれていない道を走る分、個を重視しがちとなる。また、政治家の場合、表向きは「公」の代表となっているものの、実質的には支配的な立場に属しているため、やはり個人主義的になりやすい。

いかにも不倫してもおかしくない人たちが不倫していたところで、それはニュースになるのか。そう思ってしまうのだが、それが世間で騒ぎになり、大きく取り上げられてしまうということは、裏を返せば、多くの人たちの関心を買っているということなのだろう。

では、不倫する著名人たちをバッシングするのはどういう人たちなのだろうか。

まずは、現行の日本の結婚観に則って生活を営む夫婦だろう。自分たちはルールを守っているのに、なぜ、彼女たちはふしだらな生活を送っているのかという苛立ちを、彼らは覚える。ルールを遵守する側からすれば、ルールから外れた生き方をしている者は目障り以外の何物でもない。それに、世間で不倫を許容する空気が作られると、男女ともに自身のパートナーが浮気に駆られるのではないかと恐れを抱く。となると、やはり、不倫は強く非難しなければならない。批判的なスタンスを配偶者にも示すことによって、自身の結婚生活も守ることができるという側面もあるだろう。

続いて、そのタレントや政治家に対して好感を抱いていた人たちが、裏切られたという思いからバッシングに走るケースもあるだろう。矢口真里にしてもタレントのベッキーにしても不倫が発覚する以前は、タレント好感度が非常に高かった。政治家に至っては、期待して票を投じた人たちもいるため、より一層、反感が募るのは仕方のないことだ。

そんな彼らが不倫に憤るのは理解できる。しかし、昨今の不倫バッシングを見ていて気になるのは、結婚もしていない上、そのタレントに対して思い入れもなかった人たちが、必要以上に声を張り上げているようにも思えることだ。

ネットで不倫バッシングするネトウヨの正体

ニュースサイトのコメント欄をはじめ、2ちゃんねるなどのネット掲示板、ツイッターなどのSNSでは不倫女性に対する罵詈雑言が飛び交う。
日本で最も有名なニュースサイトといえば、ヤフーニュースだ。サイト上では掲載された記事に対して、読者がコメントを記載できる（ヤフコメ）。2017年10月、「矢口真里、不倫を自虐的に振り返る」という記事に以下のコメントが連なった。
「もう引退して、二度と名前や顔を見せないでいただきたい。見てしまうと、気分が悪くなるので…」（そう思う＝2568件、思わない＝400件）
「汚いイメージしかない」（そう思う＝1868件、思わない＝229件）
「何故こいつを起用するのか理解に苦しむ。」（そう思う＝932件、思わない＝74件）
「まったく反省してないね。いつまで不倫ネタを使うつもりなのか？」（そう思う＝877件、思わない＝72件）
不倫騒動からは4年の月日が経っているというのに、批判の声は収まらない。
ヤフコメといえば、嫌韓や嫌中をはじめ、いわゆる「ネトウヨ（＝ネット右翼）」的な言論が幅をきかせているのが特徴的だ。運営サイドの発表によると、ヤフコメの投稿者の8割は男性で、年齢層で言えば、30〜50歳の男性が50％以上だという。

どれぐらいの割合で双方の主張をする人たちが重なっているのかは分からないが、コメント投稿者は、韓国や中国を罵倒するのと同じように、不倫女性に対しても容赦なく罵声を浴びせかける。それは傍から見れば、異常にも思えるほどで、まるで魔女狩りのようにも見えなくもない。なぜ、ここまで関係のない女性を、悪し様に叩くことができるのか。

以前、ヤフコメをはじめとするネット上における不倫バッシングについて、出版関係者と話したことがある。

「2ちゃんねるにしてもそうですけど、無職でニートとか、女にもてないとか、冴えない生活を送っている人が、『リア充死ね』って、不倫している芸能人を叩いているんでしょうね」

「本当にそうですよ。中韓バッシングにしても、普段の生活の憂さ晴らしのようにも思えます」

2005年に2ちゃんねるを題材とした映画『電車男』（村上正典監督）が大ヒットしたが、世間における2ちゃんねらーのイメージは、オタクでニート、人づき合いが苦手な人というものだった。私は、そのままのイメージをヤフコメの人物像に当てはめ、不遇な生活を送っている彼らが、その憂さ晴らしで騒いでいると解釈した。そう考えることで、しっくりとくるところもあった。

ただ、それは少々、ステレオタイプ過ぎる印象で、実情とはかけ離れていたのかもしれないと、のちに思い直す。

『ネット右翼の逆襲――「嫌韓」思想と新保守論』（古谷経衡著）においては、著者が、約1，000人のネトウヨにアンケートしている。特徴としては、「男女比は男3：女1」「年齢のボリューム層は30〜40代」「職業は自営業が多い（12・5％）」「無職は3・1％と少ない」「6割以上が大卒以上」「平均年収は451万円」「恋愛経験や社交性に乏しいというわけではない」といった結果が出ていた。そこから見えてくるのは、決してニートで社会的弱者ではなく、ごく平均的な社会人像だ。

また、私の友人に、中国人漫画家の孫向文さんがいる。孫さんは中国人でありながらも、日本の右翼的な思想に傾倒しており、その過激な発言によって注目を集め、ツイッター上では2万7，000人ものフォロワーがいる。フォローしている人の大半はネトウヨだ。孫さんにフォロワーのイメージを尋ねてみたところ、やはり、同様の答えが返ってきた。

「僕のフォロワーの大半が、職にも就いているし、普通に結婚もしています。ネトウヨ＝無職で社会的弱者というのは、パヨク（バカな左翼の意味）がネトウヨを貶めるために喧伝したデマです。もちろん無職の人もいるでしょうけど、パヨクジャーナリストは、そんな一部の人を殊更取り上げ、ネトウヨの意見など取るに足らないものだと印象づけようとしているのでしょう。ネトウヨというレッテルを貼って、その意見を無視するような人たちはいつか足元をすくわれるでしょう」

孫さんは、ネトウヨにも社会的成功者は多いと語る。確かに、美容整形外科医の高須克弥をはじめ、過激な保守的な発言をする著名人もいる。

消えない「大和撫子」幻想

凶悪犯罪が起こるたびに、なんの根拠もなく「在日」のレッテル貼りをするなど、差別的な発言が目につくインターネットの世界。個人的には、私が彼らに共感するところはない。しかし、「ネトウヨが社会的弱者」というのも「犯罪者が在日」と認定するのと同レベルの差別的なレッテル貼りに過ぎない。そして孫さんが指摘するように、そんな単純な図式で考えることによって物事の本質を見失うことにもなる。

ネトウヨを「保守」という言葉に置き換えてみよう。保守とは、伝統や制度、社会組織などを尊重する立場のことだ。

結婚制度においては、夫婦間で不義をしてはならないと定められている。そして、彼らが思い描く日本の理想の女性像というものは、婚姻した者に対しては生涯、操を立て続けるような、穢れなき大和撫子像だ（もっとも、日本の歴史を遡ってみると、そんな理想の女性像が誕生したのは明治以降の話なのだが、その説明は10章に述べたい）。

不倫に対して怒りの拳を振り上げる人々は、自身が結婚しているわけではないのかもしれない。また、不倫をした者に対しても、なんの思い入れも持っていないかもしれない。それでもバッシングするのは、不倫女性たちが、彼らが守らなければならないと考える大事なモノを穢しているためなのだろう。

日本の安全を守り、日本が育んできた美しい文化を守り、国を発展させていく。それは「ネトウヨ」と揶揄されるものではなく、多くの日本人が心に抱いているものだ。

そして、そんな保守的な思想に過度に染まり、そこから外れたライフスタイルや思想を許容できず、ネット上で他社を罵倒するようになると、その人たちは「ネトウヨ」と呼ばれるようになる。

保守的な思想は、日本だけに限らず、世界的にも広まりつつある。アメリカのトランプ大統領をはじめ、リベラル的な思想が優勢であったはずのヨーロッパにおいても、右派政党が支持を集めている。

保守が優勢となっている時代にあって、日本人の美徳やモラルを貶める不倫は、多くの人々の反発を買ってしまうのだ。

こうした事情を考え合わせると、いくら不倫妻が増えているとはいえ、彼女たちが不倫を公に語ることができるような時代はなかなか来ないのではないかとも思えてしまう。

第3章　モラハラ社長と不倫の末

不倫妻たちは、世間的には肩身の狭い思いを抱えながら、どうやって不倫生活を営んでいるのか。そして、どのように出会い、なぜ、不倫という道を選んでしまったのか。この章からは、選りすぐりの不倫妻の生活をご紹介していきたい。

不倫相手と知り合う場所が多いのは職場だ。続いて、ＳＮＳや出会い系などのインターネット、同窓会の順にメジャーな出会いの場となっている。

職場の不倫が多いのには理由がある。

人は異性に好意を抱いた場合、接触の機会が多ければ多いほど良い感情を募らせる傾向がある。それは心理学でいう「単純接触効果」と呼ばれているものだ。

また、人は、自分にないものを持っている異性を好きになる。とりわけ女性はその傾向が強い。職場では、仕事ぶりが分かるため、男性の能力を判断しやすい。自分よりも優れた男性に対しては「尊敬」という感情が芽生え、恋愛に発展しやすくなる。

今回ご紹介する矢島佳純さん（49歳・仮名）も、職場で恋に落ちた女性のひとりである。彼女は、中小企業の社長の秘書で、5年間、社長と不倫していた。

世に社長と秘書ほど恋に陥りやすい関係はない。単純接触効果という点においても2人は常に一緒にいることに加え、秘書は、社長のリーダーシップや権力を間近で感じることになるからだ。

営業トークで結婚、本音を言って破綻

社長との不倫を記載する前に、佳純さんの結婚生活をご紹介しよう。

佳純さんの旦那さんは、佳純さんがOLとして働いていたときの取引先企業の社員だった。たまたま共通の友達がいたこともあって仲が急速に深まった。

「私、詐欺師っぽい人が好きなんですよ」

佳純さんは言う。

「主人は凄く良くできる営業マンで、思ってもいないことをペラペラと営業トークできる人でした。嘘臭いなあと思ってはいても、私は、そういう人が好きになっちゃう

んです。実は私自身も、そういう人間で、営業っぽく『きゃー、そうですよね』って思ってもいないようなことを言ってしまうタイプなんです。人に本心を見せることなんて絶対にしません。詐欺師として接する人に対して、演技で返すのが好きだったんです。逆に本心で熱くこられちゃうと、引いちゃうんです。そして自分の本心を見せてしまうと、相手が離れてしまうんじゃないかと考えて不安になります」

2人は出会った当初から、本心を見せずに偽りの演技で交際し続け、佳純さんが28歳のときに結婚した。

佳純さんが「詐欺師」のような男性に惚れてしまうのにはワケがあった。

「私、子どもの頃、ご飯を楽しく食べた記憶がないんです。食事中はお喋り禁止で、ちょっとでも喋ったら父親に殴られていました。理不尽な暴力や言葉ばかり。だから、絶えず父親の顔色を窺っていて、本当の自分を出すことなんてできませんでした。父には本当のことを話すと怒られたし、隠していても怒られました。でも偽っていたら褒められたんです。だったらいい子を演じていようと。お母さんも父の暴力で壊れていって、鬱から痴呆になりました」

こうして佳純さんは演技する癖がついてしまったのだ。上辺だけのつき合いのほうが気軽で心地良かった。

佳純さんが旦那さんと不仲になったのは、子どもが生まれてからだった。

「2人目の子どもが欲しいって何度か言ったんですが、そうしたら主人から『おまえ、淫乱なんじゃない？』って言われて。そこから家庭内離婚状態になって、セックスレスになりました」

旦那さんが演技ではない本音をぶつけてきたことで、彼らの演技による結婚生活が破綻したのだ。

お金のために離婚しない

子どもが生まれたのをキッカケにしてセックスレスになったという話は私の身の周りでもよく聞く。

「妻は子どもにつきっ切り。そのうち女としてではなくて、母親のような目で見てしまうようになった」（30代・男性）

「家事や育児の負担が増えて、夫とのセックスが億劫になった」（30代・女性）
「子どもが近くにいると勃たない。隣の部屋に子どもを寝かしつけてもダメ。かといって、子どもを預けてホテルなどでセックスしようとまでは思わない」（40代・男性）
また、夫が妻の出産に立ち合ったことで性欲が減退するケースや、産後に妻のホルモンバランスが変化することによって性から遠ざかるケースもある。一度セックスレスになってしまうと、それを解消するのはなかなか難しい。
佳純さん夫婦は、他人の前では仲のいい夫婦を演じていて、近所ではおしどり夫婦だと思われていた。しかし、実際の２人の関係は冷え切り、寝室も別室になっていた。
「旦那がどういう髪型をしているのかとか、全然思い出せないですね。家庭内で顔を合わせても、私は視野をぼやかしているから、相手の顔が入ってこないんですよ。旦那を直視していないんです。今は嫌いというわけじゃありません。興味がないんです。無色透明の空気みたいなものですね」
旦那さんのことは好きでも嫌いでもないという。だから、そんな彼が不倫していると知ったときも、佳純さんはなんとも思わなかった。

「最初、旦那の彼女から電話がかかってきて、別れて欲しいって頼まれたんですよ。私は『いいですよ』って言ったんですけれどね、向こうのほうでも事情が変わってきたのか、『やっぱり、あんたに返すわ』って。私としては、いらないんだけどって思ったけど」

どうやら、その不倫相手の女性は、年に数度の割合で、佳純さんの娘さんとも会っているようだった。父親は娘さんに「新しいお母さんになってもいいか」と尋ねたという。それに対し、娘さんは、両親に「こんなことされると病むんだけど」と苦情を訴えた。

佳純さんと娘さんの関係は悪くない。佳純さんは、娘さんが生まれてから一生懸命、子育てをした。ご飯を作ったり、家が散らからないように常に掃除をしたりと、最低限の母親としての任務はまっとうしてきた。一方、旦那さんと娘さんの関係も悪くはなかった。壊れ切った夫婦関係ではあったが、子どもを介して、夫婦はかろうじて繋がっていた。

佳純さんももちろん離婚のことは考え、弁護士にも相談した。別れるだけならいつでもできるが、佳澄さんは今後のことも考え、まとまったお金が欲しかった。

「お金が欲しいと、弁護士さんに正直に言ったら、相手から別れると言うように仕向けなさいとアドバイスを受けました。そして自分は別れたくないと言ったら、お金がもらえると言われたんです」

仮に旦那さんの浮気が原因で別れるとなった場合、旦那さんが支払う慰謝料はせいぜい100万円から200万円ぐらいだ。

佳純さんとしては物足りない。そこでおそらく、その弁護士が勧めたのが、婚姻費用（通称、コンピ）だったのだろう。民法の規定では、夫婦の間ではより稼いでいるほうがそうではないほうに毎月一定の金額を支払う義務があるとされている。

仮に家庭裁判所にコンピの申請をすると、裁判で離婚が認められるようになるまで、旦那さんは月々、10万円以上のお金を佳純さんに支払う義務が出てくる。調停、家裁、高裁と裁判を続けていくと、2年、3年と毎月その額が振り込まれる。総額数100万の額となり、慰謝料よりもおいしい。それを得るためには離婚に応じてはならないし、絶対に相手から別れを切り出させるようにしなければならないのだ。

とはいえ、お互いに別れたいのに、「別れたくない」と言わなければならないとは奇妙な話でもある。

不倫相手のモラハラで難聴に

旦那さんは、佳純さんが不倫していることは知らない。娘さんも母の不倫に気付いていない。佳純さん自身も、まさか自分が不倫することになるとは思ってもいなかった。

「不倫は穢らわしいと思っていましたね。女の武器を使って男を落としているというイメージでした。不倫と同様、性に対してもネガティブな意識を持っていました。子どもの頃にそう教育されたからだと思います。テレビで少しでもエッチなシーンが出てくると、チャンネルを変えられたので。でも、実際、不倫してみると、毎日が楽しくなりましたよね。私、バブル世代なので、またバブル時代がやってきたという感覚でした」

不倫に嫌悪感を抱いていた女性が、いざ、自分が不倫すると、その意識が変わるのはよくあることだ。社会通念と、人間の本能は一致しない。人間は恋するようにできているし、セックスするようにできている。たとえ社会では悪いと言われることであっても、人がそれを本能的に欲しているものであれば、充実感が得られるようになるのは自然なこと。しかも、「それ」がダメなものと教え込まれていれば、より一層、「それ」を意識するようになるのが人間なのだ。私はアダルトビデオ（AV）関係の取材も数多くしてきたが、いったいどれだけ、性に厳格な家庭で育った女の子たちがAV女優になっただろうと考えると、数え切れない。

佳純さんの不倫相手は、5歳年上の会社の社長である。仕事の能力はあり、上司として尊敬できる人物だった。そんな「平均よりも明らかに上である成功者」が自分を選んでくれたというのが、佳純さんにとっては嬉しかった。仕事が終わったら2人で食事に行き、ラブホテルに行った。

「ママ友とかと一緒に話していると、みんな、旦那との仲が悪いって話をすんですね。そういうとき、密かに優越感に浸っていましたね。うちも仲は悪いけれど、仲が悪けりゃ外で作ればいいいじゃんって思って……。今考えると、傲慢でしたね」

社長と交際することで活力が湧いて、機嫌が良くなり、家の掃除や料理もしっかりとこなすようになった。不倫によって、壊れた家庭が表面上はうまく回り始める。

「社長は、自分に釣り合う女になれと、容姿や仕事内容など注文してきました。私も人間として、女として認められているように感じ、努力しました。この人と一緒にいると自分も成長できると感じました」

しかし、幸せな不倫生活はそう長く続かなかった。

交際してからしばらく経つと、社長は、佳澄さんのやることなすこと全てを監視し、注意するようになった。佳澄さんは理不尽だと思いながらも、愛されているのだからと考え、社長にとっての理想の女になるために頑張った。しかし社長の要求は高く、いくら頑張ってもなかなか認められない。そして、プライベートにおいては、セックスの回数が異常なほど増えた。仕事はともかくとして、女としては認められているのだと、佳純さんは考える。

しかし、あるときから、佳純さんは居心地の悪い思いを感じるようになる。なぜか性行為を終えてから涙が出たり、まるで魂が抜けたかのように脱力してしまうのだ。

原因がなんなのか、彼女には分かった。

「行為のとき、相手は自分の目を見ないんです。見てもさーっと目を外すので。そのとき、これって私の体を使ってオナニーしているんじゃないかって思ったんです」

不倫を始めた当初は、キスやハグなどの前戯もあったが、そのうちお風呂に入って脱いですぐにやるという事務的なセックスになった。次第にＡＶを大音量で流しながらでなければ、社長は性行為をしなくなったのだという。

自分はただの道具なのだと思い、佳純さんは傷ついた。それまでは体が繋がることによって、互いの心は繋がっていると思っていたのだが、そうではなかったのだろうか。

「職場での監視と、暴言のような注意……。それで、情緒不安定になって鬱状態までいって……。右耳が聞こえなくなって病院にいったら、ストレスだから原因を探しなさいって言われたんです。それを言うと、社長は『もういいよ、頑張らなくても』っていうんですけれど、その言葉が『おまえはもういらないよ』って聞こえてしまうんですよね。自分が壊れていくような恐怖を味わいました」

カウンセラーに相談してみたものの、自分を曝け出すことができず、ろくにアドバイスを受けることもできなかった。「会社で怖い上司がいる」とは言ったものの、それが社長であり、そんな彼とは肉体関係があることまでは打ち明けられなかったのだ。いくらカウンセラーとはいえ不倫のことは話せない。

佳純さんは、自分は孤独なのだと思い知った。ママ友たちにも心を割って話せる者はいない。彼女たちの前では偽りの夫婦を演じており、不倫していることは打ち明けていない。今さら、本当の自分を曝け出すことなどできないし、仮にそうしたところで引かれてしまうだけだろう。プライドも許さない。

不倫は人生を輝かせてくれるスパイスとなるが、ひとたび袋小路に入ると、これほど厄介なものはない。世間にうしろ指をさされる類のものであるだけに、誰にも相談できなかった。

社長のモラルハラスメントはひどくなる一方だった。出社した佳純さんが殻に閉じこもれば閉じこもるほど、社長の嫌味は増していく。

「このままだと耐えられないと思って反撃に入りました。嫌われて辞めてもいいから言いたいことは言おうと。『努力しない奴はバカだ』って言われたから、『努力してもバカはバカ』って言い返しました。『おまえは周りから嫌われている』って言うから『嫌われる理由が分からないので全員に聞いて教えてもらいます』って言いました。そしたら『おまえはキチガイだ』って逆上されて、この後、会議室に呼び出され、椅子が飛んできて窓ガラスが割れたりもしました。もうメチャクチャです。しまいには社長を殺したいぐらいにまでになりました」

こんな状態になりながらも、体は求められていたのでセックスはしていた。しかし、社長のあまりの身勝手な行為に、佳純さんは苦情を言った。

「私の体を使ってオナニーしていない？」

すると、「おまえもそうだよな」と言われた。言われてみると、そうかもしれないと思った。

尊敬しているつもりだったが、実は、誘われれば誰でもよかったのかもしれない。壊れ切った家庭の中で、心の寂しさを埋め合わせてくれるのであれば、べつに社長でなくともよかったのだと佳純さんは気付く。

その瞬間、佳純さんは素に戻った。

それ以来、社長が何を言っても動じなくなり、自分自身と向き合えるようになった。社長の存在が薄くなっていく。

佳純さんは社長に依存していたのだと気付いた。

「向こうはどうか分からないけれど、私のほうが素に戻っちゃって。彼を求めることもなくなりました。逆にオナニーのためのセックスだったらもうやらないと彼には伝え、もう2年間、性的関係を持っていません」

社長とは今も一緒に働いているが、かつての波乱が嘘のように、今はただの上司と部下の関係に戻っている。自分ひとりだけで生きていけると知ってから心は軽くなっていた。

娘のほうが達観していた

旦那さんとの関係は冷え切ったままで、改善することはない。

一方、社長との不倫関係も終わりを告げた。佳純さんの心は平穏になった。

今はお金さえもらえればいつ旦那さんと別れてもいいと思っているが、気がかりなのは娘さんのことだった。

「私、子どものときにご飯を楽しく食べたことがないって言いましたよね。だから、自分が結婚したとき、家族でご飯は楽しく食べようって思いがあったんです。それができない自分が凄く情けなくて、娘に申し訳なくて……」

佳純さんが気になっていたのも娘のことだった。

娘さんが結婚式を挙げるとき、離婚してしまっていたらどちらかが欠けてしまい、娘が肩身の狭い思いをするだろう。佳純さんが娘さんにそう言うと、娘さんはこう言ったという。

――今はそんな時代じゃないから。そんな披露宴なんてもう、なくなるから。ママ、自由になりなよ。仲のいい家族なんて、うざいじゃん。

仲のいい家族はうざい……。佳純さんが想像したこともない言葉だった。

それは今どきの子どもの感覚なのかもしれない。

『サザエさん』のように三世代がひとつ屋根の下で繋がっている日本の家族社会は、都心においてはとうに時代遅れになっている。今の家族は、それぞれが独立し、個を優先して動いている。若い人たちは密に繋がる家族関係を面倒臭いと感じてしまう。

佳純さんとしては、娘さんに対して、両親の仲が悪いことを申し訳なく感じていたが、むしろ、娘さんとしてはそういうサバサバとした家庭環境を好んでいたのかもしれない。

「それって、ただのママの趣味だよね。そういう家族でありたいっていうのは」

娘さんにそう言われたとき、佳純さんはふいに気付いた。

自分が理想とする家族像を、娘にも押しつけようとしていただけだったのか……。

しかし、実のところ、そんな理想の家族などは娘が生まれた当初から崩壊していたのだ。必死に表面上だけは家族であることを取り繕うとする母親のことを、娘は滑稽に感じつつ見ていたのかもしれない。

佳純さんは今、肩の荷が下りたように楽になっている。

第4章　駅でナンパ待ちする主婦

葉山由香里さんは仕事を終えると、東京都の山手線の某駅で下車し、駅の改札口からほど近い場所に立つ。スマホを取り出してディスプレイを眺める。時刻は19時近く。そこはサラリーマンが行き交う街で、仕事帰りのスーツ姿の男たちが改札口に吸い込まれていく。

由香里さんは派手でもなくて地味でもなく、小ぎれいな格好をしていて、30歳という年齢よりも幼く見える顔立ちだった。

「誰か待ってるんですか？」

声をかけられ、由香里さんは顔を上げる。

「いえ、まあ……」

「よかったら食事でも一緒にどうですか？」

由香里さんは男の身なりをチェックする。スーツ姿で清潔感がある。顔はまあまあ。問題なさそうだと判断をくだす。

連れ添って街中へ歩いていき、近くの居酒屋へ入って向かい合って席に座り、お酒と料理を注文した。男は会話を盛り上げようとしてくれている。その話が面白いかどうかはともかく、その態度から少なくとも身勝手な男ではないことが分かる。

この男はどういうセックスをするのだろうか。その食べる手つきや口元の動き、仕草から想像を膨らませていく。居酒屋を出たところでラブホテルへ誘われた。由香里さんは頷き、男の後へついていった。

結婚を機にナンパ待ち主婦に

由香里さんが駅前でナンパ待ちするようになったのは、8カ月前のことだった。

「だいたい30分も経たずに声をかけられます。いきなりホテルに行くことはほとんどありません。ナンパするほうも、まずは飲みに行こうと誘いかけてくるので。最初は1〜2杯ぐらい飲んで、そこで嫌だったら私も帰ります。これまで10人ぐらいと会いました。繰り返し会っているのは、そのうちの何人かですね」

ほんわかとした口調で、どこか夢見心地に語る。おしとやかなお嬢様っぽい雰囲気を漂わせているが、その口から出てくるのは、ロマンチックな男女のロマンスではなくて、彼女の印象にはそぐわない男漁りの話ばかりだ。

旦那さんとは結婚してから1年が経ったばかり。新婚で、本来であれば幸せな夫婦生活を送っている時期だと思うのだが、なぜ、彼女は見境なく男とセックスするようになったのだろうか。

「自信が欲しかったのかもしれないですね。自分は男の人に求められる女だっていう……」

若くてルックスも悪くない彼女が、「自信」という言葉を発したことに違和感を覚える。何があったのだろうか。順を追って聞いてみた。

カップル喫茶が何か知らなかった

由香里さんは東京から離れた地方で生まれ、大学1年生のときに初めて交際した。

当時から、由香里さんは、浮世離れしたふわふわとした雰囲気を身にまとっていて、まるで風船のように誰かが持っていないと、どこかに飛んでいってしまいそうな危うい印象を周囲に与えていたという。

「人を信じやすいので、いいことを言われると、いい人だと思っちゃうんです。それでついていってしまうから、本当に危ないって言われて。あと、寂しがりでセックスも好きだから、当時から浮気する要素もあったんだと思います」

由香里さんと交際した彼氏は、そんな由香里さんを見て、自分が管理しておかないと浮気してしまうと感じたらしく、数時間おきに連絡するようにお願いしてきたという。彼は由香里さんを愛し、大事に扱ってくれた。

大学2年生のとき、由香里さんは他の男に恋をした。それが、のちに旦那さんとなる、同い年のSさんだった。彼はルックスが良くて、学内でも女性たちから注目を集めていた。

「私のほうが好きになりました。旦那はけっこうモテる人だったので、私としても一度セックスしたら忘れようと思っていたんです。でも、なぜかつき合うことになってラッキーという感じでした。周りもビックリしていました」

Sさんは、以前の恋人のように由香里さんを束縛することはなかった。代わりに頻繁に浮気した。そのたびに由香里さんは傷ついたが、彼のことが好きだったので一途に寄り添い続けた。

大学卒業後も交際は続く。Ｓさんが上京を決め、由香里さんは迷わずついていった。Ｓさんはすぐに職に就くが、由香里さんはなかなか勤め先を決めることができなかった。困窮して途方に暮れていたとき、街中で40代半ばぐらいのおじさんに声をかけられた。

「一緒にご飯でも食べに行かない？」

それはナンパだったが、由香里さんはいい人だと勘違いしてついていく。その日は食事だけで済んだが、別れ際に連絡先を交換した後、「次に会うときはカップル喫茶に行こうよ」と誘われた。

喫茶というぐらいだから、そこは喫茶店なのだろうと考え、由香里さんは頷いた。

彼氏と交際しながらおじさんとデートする

次に会ったとき、２人は一緒に食事をしてから、当時、五反田にあったカップル喫茶へ向かった。

薄暗い店内には、壁沿いにソファーが並んでいる大部屋があって、テレビが置かれていた。奥のほうには、仕切りのないシングルベッドが3つ並んでいるだけの部屋があった。カーテンで仕切られているスペースもあって、そこには2人掛けのソファーが設置されていた。

そんな中、セクシーな下着を身に着けている半裸女性がいたり、全裸の男女が数人くつろいでビールを飲んだり、お互いの体を触り合ったりしていた。年頃はおおむね30代半ばから50代。当時、まだ25歳だった由香里さんは、その若さから注目を集めた。

ここはいったい、なんなのか――。

由香里さんは唖然と立ち尽くした。

カップル喫茶とは、カップル同士で訪れ、みんなが見えるところでセックスをしたり、あるいはパートナーを交換して乱交する場所だと彼女はこのとき初めて知ったのだ。

「カップル喫茶の中では、男の人のほうが立場が強くて、『あなたの女と私の女を交換しよう』って決めてパートナー交換をします。でも、私は、知らない男の人とやるのは嫌だったので、おじさんに断ってもらっていました。おじさんは、色んな人と乱交したかったので残念がっていたけど、おじさんにしてみれば、25歳の穢れも知らない若い女の子を連れていたのだから、その店ではステータスを感じることができてよかったんだと思います」

由香里さんは、皆が見ている中でおじさんと交わった。最初のうちは周囲を気にしていたものの次第に行為に没頭する。

よく言えば、彼女は、素直な性格で、特殊な場や状況でもすぐに馴染んでしまう柔軟な感性を持っていた。悪く言えば流されやすかった。昔から周囲の人たちが危惧していたように、誰かがその紐を持っていないと、どこかへ飛んで行ってしまう風船のようだった。

おじさんとは1年ぐらい定期的に会い続けていて、おおむねカップル喫茶に行った。そして最初は拒否していたものの、通い詰めるにつれ他の男とも交わるようになる。

濃密な体験だった。そこは、普通のセックスだと飽き足らない者たちが集い、快楽を追い求める場だった。たとえ、彼氏が浮気していて、自分をかまってくれなくても、ここに来れば寂しさを紛らわすことができる。

「たまに会う人ですと、大阪からわざわざ東京に来て、この店に来るカップルもいました。大阪にもこういう店はあるけれど、その人が言うには、大阪は下品で雰囲気が良くないみたいです。それから、不倫カップルもいました。そこは閉ざされた空間だったから、みんな自分の性癖も秘密もなんでもざっくばらんに打ち明けていたんです」

交際を始めてから、由香里さんはSさんにぴったりくっついていて離れなかった。結婚に至るまで浮気らしい浮気はしていない。ただ唯一、このカップル喫茶に通っていた1年足らずの間だけは除いて――。

結婚したら豹変した彼

Sさんと籍を入れたのは、交際してから10年の月日が経った頃だった。

「つき合い始めたとき、10年間一緒にいたら結婚しようと約束したことがありました。旦那さんはあまり結婚願望もなかったんですけど、その約束もあって結婚することにしたんです」

結婚してから数日が経った頃だった。Sさんと共通の大学の後輩女子から、由香里さんの下へ挨拶のメールが届く。

「お元気ですか？　これからもよろしくお願いします」

なんということのないメールだったが、心にさざ波が立った。なぜ、このタイミングでこんなメールが届くのか。大学卒業後はまったく交流がなかった。しかし、確信していることはあった。

この女は間違いなく、旦那さんと関係は持っていたのだ。

その件を話すと、Sさんは半狂乱になって怒り狂い、「そんな過去のことを持ち出しやがって」と由香里さんを怒鳴りつけた。その度合は、呆気にとられるほどだった。

2人の仲がぎくしゃくする。Sさんは自営業で、おおむね自宅で作業している。なのに、3日ぐらい顔を合わせないこともザラになった。Sさんが自室から出ずに、由香里さんとも口をきかないためだった。

たまに会って、由香里さんが話しかけると無視されることがたびたび起こった。Sさんは由香里さんを見ると苛々として、ドアを強く閉めたりするなどの威圧的な態度を見せた。結婚前に彼がこういう態度を見せたことは一度もない。

「私が何か言っても苛々しているし、言わなくても苛々としているんです。最初は自分が悪いと思ったので、ずっとオロオロしていたんです。それで、どうしたらいいのか、どうしたら嬉しいのかって聞くんですけれど、そうしたら、『おまえの頭で考えろ』って言われて。『おまえはダメだ』って言われ続けて……。結婚してから、体型が崩れたって言われたから、私、頑張って6キロぐらい痩せたんです。それできれいになったとか痩せたねとか、全然言われたわけでもなくて」

由香里さんは悩んだ。自分に問題があるのかと考えたが、由香里さんが結婚前と変わったところなど何もなかった。やはり、変わったのは旦那のほうなのだと彼女は思う。

「ひょっとしたら、結婚することによって、『俺のモノなのに』って私のことを所有物のように考えるようになったのかもしれません。所有物のくせに、俺の思い通りに動かないのはおかしいって。それで苛々としているのかと」

ネットを検索しているうちに、モラルハラスメントというキーワードに巡り合った。モラルハラスメントとは、モラハラとも略され、暴言や無視などの行為によって、相手に対して精神的なダメージを与えることだ。精神的な虐待行為である。近年、夫婦間の離婚原因の2割がモラハラによるものだとも言われている。

試しにモラハラの本を購読して、チェックリストに印をつけていくと、Sさんの行動は8割ぐらいの項目に当てはまっていた。間違いない。旦那はモラハラだった。

男漁りが唯一のストレス解消法

ある日、仕事が長引いて終電を逃した。そのとき、ちょうど以前の職場の男性から電話をもらっていたこともあり、家に泊まらせてもらった。同い年で、彼はまだ独身だった。

初めて不倫した。体の相性は良かった。

「それまで旦那さんとのセックスが一番いいと思っていたんですけど、実はそうじゃないかもしれないと気付いたんです」

相手の男性も満足してくれて、由香里さんは久しぶりに女としての自信を取り戻した。それ以降も月に一度ぐらいの割合で彼の家に泊まった。

しかし、彼だけでは物足りなくなり、そのうちもっとたくさんの男とやってみたいという思いが自身の心のうちに湧き起こる。そこで山手線の某駅の改札口からほど近い場所に立って、ナンパ待ちするようになる。

東京でナンパというと、渋谷や銀座辺りがメジャースポットだろう。由香里さんがナンパ待ちする駅は一見、意外な場所だった。しかし、その選択には彼女なりの理由があった。そこは、仕事勤めするサラリーマンが乗り降りする駅だったため、男の質がちゃんとしていたのと、飲み屋やラブホテルがそこそこ存在していたためデートに不自由なかったのである。

スマホを見るふりをしながら、男が声をかけてくるのを待つ。釣り糸に魚が引っかかるのを待つ気分だった。

肌を重ねていると、寂しい気分が満たされる。

彼らは由香里さんに食事をご馳走し、ベッドの上では気持ち良くなるように尽くしてくれた。旦那さんのモラハラによって傷ついた心は、他の男とセックスすることで癒された。

化粧やファッションを磨き、巷で販売されている「モテ本」を読んで、男を惹きつける技術を会得した。学んだモテ術が効果を発揮すると嬉しくなった。男が自分の意のままに動いてくれるのは痛快なこと、この上ない。

セックスするうちに気付いたことがある。

「普段はフェミニズムに理解があって、女性を気遣うような男の人でも、セックスのときになるとAVみたいな身勝手なプレイをしてきたり、『ちんちん、おいしい？』とか言ってきたりして。いいセックスができるかどうかっていうのは、ソシャゲ（ソーシャルゲーム）のガチャみたいな感じで、引いてみないと分からないものなんだなって知りました」

普段の言動とセックスとの間には関連性がないというのが、彼女の発見だった。

男漁りは、彼女にとってストレス解消法であり、趣味だった。男が風俗で性欲を解消するのと同じで、彼女は真剣に恋愛相手を探しているわけではない。

ただ、男の風俗通いと異なるのは、食事を奢ってもらえる上、ホテル代も向こう持ちということだった。金銭的な負担がなくてコスパのいい趣味だった。

そんな生活を続けるうちに、由香里さんの心と体に変化が生じた。Sさんとセックスしようとすると、気持ちが悪くなるようになったのである。

大学の頃に交際を始めてから、週に一度ぐらいの割合でセックスしていた。彼とのセックスこそが一番だとずっと思っていたのに、その時間が耐えがたくなった。結婚後、半年ほど経って、セックスレスとなったのだ。

旦那のモラハラが続く限り男漁りも続く

駅でのナンパ行為を始めてから、10人以上の男と常に連絡のやり取りをするようになった。多くの男性とは、2、3回と会ってから寝たが、そのうち予定を調整するのが面倒臭くなる。そこで徐々に連絡を絶ち、厳選した男とだけ関係を持つことに決めた。

由香里さんは相手の男に対して、結婚していることを言うこともあれば言わないこともある。中には、本気でのめり込んでくる男もいて、そういうとき、由香里さんは面倒なことに巻き込まれないように即座に連絡をブロックした。

「最終的には2~3人ぐらいキープして、やめたいなあとは思っています」

彼女は言う。これが一時的なストレス解消法だということは分かっている。いつか終わらせるものなのだ。

しかし、ここまで旦那さんとの関係は壊れ切っている。旦那さんと離婚して、他の男と交際する選択肢もありそうだが、どうなのだろうか。

そう問いかけてみると、由香里さんは考え込んだ。

「実際、離婚しようかと思って、そういう相談所に行ったりもしています。そして、新しい旦那さんになるような人と出会えるといいなあと思うんですけれど、今の旦那さんとも10年間交際した上で結婚したので。これからまた10年積み上げるのは相当面倒臭いなあと思っちゃうんですね。今は他の男性とお互いにやりたいって体を求め合っていても、それが10年ぐらいしたら、なくなっちゃうかもしれない。あんまり悲しいことを繰り返したくないなあと思ってしまうので」

これだけモラハラを受けていても、旦那さんに対する未練はあった。そしていつか、旦那さんは、結婚前のやさしかった頃に戻ってくれるのではないかと期待もしている。

仮に戻らなければ、ストレス解消のため、彼女は浮気し続けるのだろう。

第5章 ―― セックスレスが続いて家庭崩壊

不倫は国によっては死罪にもなり得る犯罪だ。日本においても昨今、著名人の不倫がメディアで騒がれ、バッシングを受けている。

しかし、女性が、その行為に至った背景を見てみると、同情すべき点があることも多い。彼女たちはおおむね満たされないものを抱え、その行為に走ってしまうからだ。

旦那さんとの関係が壊れて偽りの夫婦関係を続けていた最中、社長と不倫関係に陥った社長秘書の佳純さん。

結婚後、すぐに旦那さんの態度が豹変してモラハラを受け、その自信を取り戻すかのように駅でナンパ待ちを始めた由香里さん。

そして今回、ご紹介する大木華さん（42歳）もそんなひとりである。

人懐っこい笑みを絶やさず、親しみやすい大木さんだったが、かつては自殺未遂するほど追い詰められる経験をしていた。

出会ったときからセックスレス

千葉県で4人兄弟の末っ子として生まれた大木さんは、幼い頃から父親が不倫しているることに薄々と気付いていたという。母親が不倫相手といる父親のところへお金を持って行く姿を見たことがあったためだった。

父親は建築関係の仕事に就いていて、結婚当初は真面目に働いていたものの、そのうち飲む、打つ、買うといった日々を送る道楽者になった。母や子どもに対して気に入らないと暴力を振るい、朝方に飲んだくれて、陽気に歌いながら帰ってきた。絵に描いたような昭和のダメな父親だ。大木さんは、そんな父親のことを穢らわしく感じ、不倫に対しては人一倍嫌悪感を抱いた。

高校入学後は下宿し、大嫌いな父親と顔を合わせることもなくなった。大学に入学してからはひとり暮らしをしたため、やはり父親とはろくに関わらなかった。しかし、彼女自身も意識していなかったが、心の奥底には父親の影が絶えず横たわっていた。

旦那さんと出会ったのは24歳のときである。

大木さんにとって、人生で2人目の異性との交際だった。その前の男性とは3カ月程度の交際期間で終わっていたため、恋愛経験はそれほど豊富とはいえなかった。

「主人は職場の知人の飲み仲間で、飲み会をやったときに知り合いました。私よりも7コ上で、私は年上が好きだったんです。初めて出会ったときの印象は割とよく喋る人だなあと」

飲み会の後に大木さんから連絡を取ったことで、2人は仲を深め、交際に至る。そして大木さんが25歳のときに結婚した。気の合う男性とパートナーと結ばれ、大木さんは幸せに浸るが、若干の不安は感じていた。

「つき合って、初めて私の家に泊まりに来たときに、主人は仕事で疲れていたのか、何もしませんでした。私の期待が大きかったというのもあると思うんですけれど……。思えば、いつも私のほうから求めていました」

交際前から旦那さんは性に淡白だったのだ。それでも、大木さんはそこになるべく目を向けなかった。旦那さんの人柄や性格は良かったし、交際するうちに彼が自分の心の拠りどころになっていることに気付いたからだ。

27歳、30歳のときに子どもを授かった。2人も生んだのだから夜もお盛んだったのかと思いきや、大木さんは「一発必中だった」と苦笑混じりに語る。

子どもがたくさんいるからといって、夫婦の性が円滑かというとそんなことはない。妊娠しやすい体質かどうかというのもある。基礎体温をチェックし、排卵の数日前に合わせて計画的に性行為を行うことによって確率を高めることもできる。

そして２人目の子どもが誕生してから、年に数えるほどしかなかった性行為が完全に途絶えた。そのとき大木さんは自分が悪いのだと考え、自分を責めた。

「私がもっとやさしくなればと思って、〝良妻賢母のススメ〟みたいな本を買いました。ネット商材も買いました。真剣に悩み、主人に手紙をしたためたこともあります。『私は、体が太っている割には胸が小さい。私の体がこんなんだからセックスレスなんですか？』、と。自分の体にコンプレックスがあったんです」

旦那さんはその手紙を読んでも取り合わなかった。

大木さんは男性とハグやスキンシップをするとき、女としての幸せを実感する。結婚さえすれば、いくらでも好きな人と戯れることができると考えていたのだが、旦那さんは大木さんの手を触ってこようともしない。何が原因なのか分からずに悩んだ。

追い討ちをかけるように、受難が降りかかってきた。子どもが成長するにつれ、成長の発達に偏りがあることが判明したのだ。偏りが見られない他の子どもよりも育てにくい、育児が思うようにいかない。育児ノイローゼを抱え、鬱っぽくなった。行き場のない気持ちを抑えられず、自暴自棄となり、旦那さんにあたった。

「相手をしてくれないなら誰か他の人と寝るけど、それでもいいの？」

そう訴えると、旦那さんは、そんなことをしたら離婚だと怒った。

悶々とした日々を過ごす中、自宅に怪しげな封書が送られてきた。○○興行——何これ？　嫌な予感がして開けてみるとサラ金の請求書だった。旦那さんはギャンブルにハマって、家族に隠れて100万円近い借金をしていたのである。

大木さんはショックを受けた。額面もさることながら、夫が借金していたことが衝撃だった。父親がサラ金から借金をしていたこともあり、旦那さんとは結婚前に「借金、浮気、ギャンブルはお互いご法度にしようね」と固く約束していたのである。

やさしい人だと思ってたのに——。自分の悩みには向き合ってくれなかったのに。自分が毎日ヘトヘトになって頑張っているのに、旦那はこんなことをやって遊んでいるのか——。旦那のため子どものため、これまで守ろうとしていたものが急に空しくなって、心の糸がどこかにはじけ飛んで行ってしまったように思った。

チャットレディーのバイトが浮気に発展

旦那さんの借金を知ったとき、大木さんが真っ先に考えたのは、これからは自分も稼いでいかなくてはいけないということだった。子どもにはこれからいくらだってお金がかかる。彼はいつ家にお金を入れなくなるかも分からない。

稼がなきゃいけない、自分の力で――。

彼女はそう考え、在宅、しかもシフト自由で仕事ができるチャットレディーを始めた。それは、パソコンとウェブカメラを使用し、遠隔地にいる対象者（男性）とインターネットを通して対話する仕事である。男性は、１分あたり指定のポイントを消費し、その消費ポイントに応じてお金（バック）が入る。

試しに人妻系のチャットルームを見てみると、そこでは、30代以上の見た目、ごく平凡な身なりの女性たちがたくさん登録していた。大木さんは、これならば自分でもできるかもしれないと考え、登録する。

配信は自宅のパソコンから行う。

子どもを幼稚園に預けると、サイトにログインして待機状態にする。相手がチャットを要望してきたら通知が入り、パソコンの前に腰かける。1日ひとりでも入ってきたらマシなほうで、ほとんど訪問者はいなかった。それに男性ユーザーからすると時間ごとにお金が加算されていくため、お互いに話が進まなければすぐに通話を切断されてしまう。話だけでは満足できない人も多くて、「裸を見せて欲しい」「エッチなポーズをして欲しい」といった要求をされることもしばしばあった。通話を繋ぎ留めるためには要求を呑まなければならない。

大木さんの家のすぐ近くに住んでいる人が、チャット部屋を訪問してきたことがあった。当時、大木さんは旦那さんの仕事の都合で西九州に住んでいたため、それは非常に稀なケースだった。そのライブチャットのサイトには日本中の誰もがアクセスすることができたが、47都道府県の人口ランキングで下から数えて何番目かの地域に住んでいるユーザーなど、ほとんどいなかっただろう。

相手と会話を交わすうちにご近所さんだということを知る。意気投合し、じかに会った。相手は10歳ぐらい年上で、包容力があって、やさしそうな男性だった。その男性は家庭を持っていたが、妻とはセックスレスだった。その後、週に一度の割合で逢瀬を重ねた。

「夜中、主人には買い物に行くと言って車に乗り、スーパーの駐車場などの待ち合わせ場所で会いました。たいてい会うのは、相手の仕事が終わった後のことで、30分程度の怪しまれない程度の時間です。話だけで終わったこともあったけれど、カーセックスすることもありました。お休みの日に会ったこともあって、そのときはショッピングモールに一緒に行き、食事してホテルに行きました」

そんな不倫が旦那さんにばれたことはない。しかし、チャットは夜な夜な別室で行っていたが、その姿を旦那さんに見られたことがあった。

「そのときはあわてて主人にセックスレスだからこういうことをしていると逆に私のほうから責めたんです。主人はショックは受けていたけれど、怒りはしなくて、『そうなんだ……、改善に取り組む』って言いました。でも、その後も何も変わりませんでした」

家庭は徐々に崩壊する。歯止めはかからなかった。

浮気が高じて性依存症に

大木さんがチャットの次にハマったのが出会い系サイトだ。登録したのは、やはり人妻系である。

「最初のうちは慣れていなかったこともあり、慎重にメールでやり取りして、この人だったら大丈夫そうかなあという人とお試しで会っていました。相手が怖気づいたことで予定をキャンセルされたり、会えたかと思ったら、ある人は、ずっと自分の彼女のことを話していたりして。何人かと会ったけれど、会話も性格も合わない人が多かったですね。メールでやり取りしているときは、いい感じでも、大半の人は自分本位のセックスしかしなかったんです」

出会い系に登録している男の大半は、真面目な恋愛を求めておらず、その場限りの欲望を満たすために女性と会っていたのかもしれない。

そんな中、大木さんいわく「アタリ」だったのが、年上の大学教授だったという。その教授は妻子持ちの男性で、言葉の選び方がやさしくて、気遣いがあって包容力のある男性だった。家はだいぶ離れていたが、教授は車で1時間以上かけて大木さんに会いに来たという。

大木さんはその教授と定期的に会う。これで満足できたかと思いきや、大木さんはそれ以外の男性とも連絡を取り続けた。

「だんだん麻痺してきたんですね。一番会いたいのは教授だったけれど、その人だってそう頻繁に会えるわけでもない。『彼に会えないいな』ってなると、その次にその時間に会うことが可能な人を探していくんです。そしてそのうち、会いたい順、会いやすい順で男性に優先順位をつけていくようになりました」

性依存症だったのかもしれないと、大木さんは当時を振り返りながら回想する。

性依存症とは、性的な興奮や刺激に溺れることが習慣化することで自己コントロールを失う精神疾患だ。精神的な不安が原因となっているケースが多い。セックスをすれば脳内から快感物質が放出されるため、不安から逃れることができるのだ。

育児ノイローゼ、旦那さんとのすれ違い――。

多くの不安を抱え、押しつぶされそうになる中、大木さんは現実から目を逸らしたくて闇雲に男と会い続け、セックスにのめり込んでいったのだろう。

西九州で1年半、暮らした後、旦那さんが東京に転勤したのを機に引っ越しする。ここで人間関係がリセットされるが、性依存症に陥っていた彼女が、男漁りを始めるのには時間がかからなかった。

新居の近くに性感マッサージの店があるのをネット上で調べて見つけた。今は、女性の性欲を解消する店もたくさん生まれている。店に電話をかけて予約を取り、旦那さんには「散歩に行ってくる」と伝えて家を出た。

街中の待ち合わせ場所で男性店員と出会い、ラブホテルへ向かう。お風呂に入って体をほぐした後、体にバスタオルを巻いてベッドに横たわる。男性店員は大木さんの全身にオイルを塗ってマッサージした。

性感マッサージ店のホームページでは、セックスまでするとは謳っていない。本番までやってしまうと売春罪に問われるからだ。しかし、裸になった女性を性的に興奮させるというサービス上、この手の店では、女性客か、あるいは男性店員のどちらかが性的欲求を抑え切れずにセックスに至るケースは多い。

大木さんも欲求を抑えられず、最後までやって欲しいとお願いした。

行為を終えた後、そのマッサージ師と連絡先を交換し合い、その後も何度か会った。ちなみに、そんな彼は普段、公務員として働きつつ、その店で働いていたという。

精神病院と自殺未遂

男漁りはひどくなる一方だった。

大木さんは、出会い系サイトのみならず「舐め犬」という掲示板のサイトもチェックした。そんな募集サイトの特性もあって、男はクンニ好きで、ベッドの上では、大木さんに尽くしてくれた。

驚くことに、大木さんは、これだけ多くの男性とセックスしながらも不倫をしていたという認識はなかった。

「心を通わせたら不倫だけれど、体を重ねるだけだったら、ただのセフレであって不倫じゃないと思ったんです」

法律上、既婚者が異性と性交渉を行うと不貞行為とされる。性体験の有無こそが、不倫になるかどうかの境目なのだ。

しかし、大木さんは、セックスは人間の五大欲求である性欲によって行われるもので、べつに好きな相手ではなくても体を交わらせることはできるという認識を持っていた。大木さんは、男性と体を重ねるうちに、男たちの多くがパートナーとの間で性の悩みを抱えていることを知った。

「既婚者の場合、奥さんとのセックスレスを抱えている人たちがたくさんいました。そして、奥さんに自分の性癖を言えない人も多かったんです。アナルを舐めて欲しいとか、縛ったりするようなソフトなＳＭ趣向があったりとか、女性に対する征服欲があって、フェラじゃなくてイラマチオが好きだったりとか」

夫婦でありながらも腹を割ってセックスのことを話すことができないのに、出会い掲示板で知り合ったばかりの大木さんには打ち明けられる。こんな夫婦ばかりだから、マンネリなセックスに陥り、お互いにつまらなくなって、レスになっていくのだと大木さんは考える。

こうして数多くの男たちと関わりを持つ中、大木さんは、ついに彼女の基準で言うところの「本当の不倫」をすることになった。

心から好きだと思える男性と出会ったのだ。その男性も大木さんのことを心の底から愛してくれて、相思相愛の仲になった。

大木さんはその「本当の不倫」以外の男性との関係を清算することを決意した。連絡先をブロックしたり、「旦那にばれた」と嘘の理由を伝える。このとき関係を絶った男の中には逆上して嫌がらせしてくる者もいた。

「フェイスブックで私はその人と友達になっていたんですけれど、その人は私の主人のフェイスブックに対して『おまえの奥さんは不倫している』とメッセージを送ってきたんです。主人はビックリしましたね。私は『いや、そんなの、ないない』と言って主人にメッセージを消してもらいました。セフレにはお互いの家庭を壊さないというルールがあると思うんですけれど……」

旦那さんは大木さんの嘘を信じた。男は妻の浮気に気付きにくいといわれているが、これだけ大木さんが男と関係を持っても、旦那さんが気付かないところを見ると、その通りなのだろう。あるいは旦那さんは気付いていたものの、自身が大木さんを抱けないことに引け目を覚え、それを看過することにしていたのかもしれないが……。

不倫相手との心が通じ合っていくにつれ、大木さんは、旦那さんとの関係にもケリをつけなければならないと決意する。これまで我慢していた気持ちをぶちまけた。

「このセックスレスをどう思うんだって旦那を問い詰めました。主人はそれを聞いて『変わる』と言ったけれど、全然変わりませんでした。そこで、次は、彼がいるという報告をしたんです。母にも告白しました」

告白の最中、気持ちが盛り上がり、過呼吸になって倒れた。寝ながらも無意識のうちに朦朧と彼の名前を呼び続けた。目が覚めたとき、旦那さんは悲しそうに「そんなに苦しむならいいよ、別れよう」と言った。

それまで大木さんは自分が幸せになれば、きっと子どもも幸せになるだろうと考えていた。

しかし、彼の下へ行こうとしたとき、本当にこれが子どもにとっていいことなのだろうかという心の迷いが生じ始める。

考えれば考えるほど、分からなくなった。

そして鬱になり、実家に帰省した。

郵 便 は が き

料金受取人払郵便

神田局
承認
3310

差出有効期間
平成30年7月
31日まで

101-8791

506

東京都千代田区神田三崎町3丁目3−3
太陽ビル701号

株式会社 鹿砦社 行

101−8791 506

◎読者の皆様へ

毎度ご購読ありがとうございます。小社の書籍をご注文の方はこのハガキにご記入の上、切手を貼らずにお送り下さるか、最寄りの書店にお持ち下さい。申込書には必ずご捺印をお願いします。

帖　合

この欄は記入しないで下さい。

鹿砦社 御購読申込書

下記の通り購入申込みます。

年　　月　　日

書　　名	本体(税別)	申込数
歴代内閣総理大臣のお仕事	600円	
絶対,騙されるな! ワルのカネ儲け術	600円	
アラフォーの傷跡	600円	
三島由紀夫はなぜ、昭和天皇を殺さなかったのか	600円	
寝取られたい男たち	600円	
定年ダンディの作り方	600円	
誰も書かなかったヤクザのタブー	600円	
大暗黒時代の大学	600円	
韓国人による自傷論　亡命覚悟で暴く韓国男性の真実	600円	
日本人妻は、なぜ不倫をするのか	600円	

〒　　　　　　電話　　　—　　　—

御住所

フリガナ

御芳名　　　　　　　　　㊞

※本体価格は税別です。ご注文時には消費税を別途申し受けます。　1232-9

子どもの面倒を見ることができなくなった。不倫相手には会いたかったが、大木さんは家から出ることができなかった。

「私はなんてひどい人間なんだろうと思いました。旦那なのか、彼なのか、それを決め切れない自分も嫌で、最低な人間だと自分を責めて自殺願望が出てきました。そして、パニック発作で緊急入院して、精神病院に入ったんです。それから、入院して初めて外出許可が下りた日に、自殺未遂をしました。旦那と散歩していたとき、公園のトイレの中に入り、忍ばせていた包丁で自分の胸を刺したんです。旦那が異変を感じてドアをこじ開けて入ってきたから一命は取り留めたんですが」

その後、精神病院を退院することになり、旦那さんがいる自宅に戻って薬を飲みながら精神を落ち着けた。

廃人寸前となっていた。そんなとき、人生を一変させたのが、自身を「全肯定」してくれるカウンセラーとの出会いだ。

「それまで、私はいつも自分が間違っていると思っていたんです。自己否定の連続でした。私の実家は長年、信仰を持っていました。その信仰は弱い自分を乗り越えてチャレンジしていくのが基本のスタンスなんですけれど、頑張ろうとするといつも鬱になっていたんです。でも、弱い自分も受け入れてもかまわないと知ったとき、未来が明るく開けてきたんです」

性依存症の原因は不安だ。不倫している自分を否定すれば、余計に自分の中で不安が増殖する。心のざわめきを収めるために、手を出してはいけないはずの不倫行為へ走る。それは、薬物がダメだと知りながらも、不安を覚えて手を出してしまう薬物中毒者と同じ思考回路だった。

カウンセリングを受けながら、大木さんは心の奥底に父親の存在が横たわっていることに気付く。彼女にとって思ってもいないことだった。飲む、打つ、買うの道楽者の父親。彼女はとうの昔にその存在を心から葬り去っていたと思い込んでいた。

「私は父親からの愛が欲しかったんだと気付いたんです。父は運動会にも学校の行事にも来てくれなかった。父からどうやったら愛されるのかということも分かりませんでした。カウンセリングの中では、イメージの相手に向かって、満たされていない気持ちを解消していくという手法があるんですけれど、そのとき、私は父にハグをしてもらいたかったんだと気付いたんです。父は父なりに私にお金をくれたり、おいしいものを食べさせてくれたりしたけれど。私は、そんな父にやって欲しかった、触れ合いという愛情を主人にも求めてしまっていたんです」

なぜ、こんなにも自分は男の体を求めてしまったのか。その原因にまさか父親という存在があったとは――。

自身の心のメカニズムが分かってからというもの、大木さんは、セックスに心が支配されることがなくなった。

そしてもうひとつ、大木さんがカウンセリングの治療を通して知ったことがある。それは「性欲」と、好きな人と肌を重ねて愛し合いたいという「性行欲」は別物だということだ。性欲であれば、べつにセックスしなくとも、オナニーでも解消できる。かつては、あれほどまで男を求めていた大木さんだが、今は、旦那以外の男性とは関係を持っていない。自殺未遂の一件以来、旦那さんも大木さんに寄り添うようになり、2人の間ではスキンシップも復活していたのだ。

大木さんの心には、今ようやく平穏が訪れている。

第6章　男と女で異なる不倫の形

心に寂しさを抱えるがゆえに、不倫へ走った3人の不倫女性たちの顛末をご紹介してきた。

「別れさせ屋」事業を営む株式会社アクアグローバルサポートの相談員である川嶋さんは「女は心に穴が開いたときに浮気する」という。

「男の人が浮気するときって、全てが満たされていて、うまくいっているときだと思うんです。逆に仕事や家庭がうまくいっていない状態だと、浮気する気力も起こりません。だから、男の人の浮気って、満たされたコップがあって、そのプラスαが浮気。メインを満たした後のデザートなんです」

確かに浮気する男は、おおむねバイタリティーに溢れていて、ひとりだけに飽き足らず、2人、3人と手を出してしまう人が多い。

では、女は、というと……。

「女性は男性とは違い、お腹いっぱいのときは浮気しないんです。パートナーに愛されていたら、他に目移りすることはありません。でも、パートナーが慣れ合いに甘えて何もしなくなったり、セックスレスになったりすると、穴が空いていくことに耐えられなくなって、それを埋めるために浮気するんです。男性のプラスαの浮気と、女性の満たされたいという思いからの浮気とでは、そもそも違うんです」

こうした女性の特性からすると、多くの不倫妻には同情すべき点があるかもしれない。しかし、世の多くの人は、不倫に対していい印象を持っておらず、友人とはいえどもそれを告白すると交流関係を絶たれてしまうこともある。だから不倫妻は自身の体験を胸に抱え込むしかない。

しかし世の中には、不倫を相談できる場所も存在している。

本章では不倫相談を請け負う不倫カウンセラーにインタビューし、どうやって不倫を捉えるべきなのか考えていきたい。

不倫は必ずしも否定されるものではない

不倫というキーワードでネット検索していると、その問題を専門としているカウンセラーがいることが分かる。それだけ不倫で悩む人が多いということの現れか。それもひとりどころではない。

小川さんは月に60から70セッションを請け負い、年間1,000万円以上の収入を得ている。7割の顧客が1年以上、持続してセッションを受けているというのだから、その効果はてきめんなのだろう。彼女のカウンセリングの特徴は、不倫を通して自分を見つめ直し、自己実現の糧とすることだ。

「彼との関係で悩んでいる方には、ああしたら良い、こうしたら良いとお伝えしますけれど、基本、それを経験することによって、どういうあなたになりたいのか、というところを、私は一番聞いていきます。どちらかというと、コーチングの要素が強いのが、私のカウンセリングの特色です」

不倫にはゴールが存在しない。通常の男女交際であれば結婚という明確なゴールが存在しているが、不倫の場合、何を選択するのが正解かというのはない。

「終着点がないからこそ、自分に向き合うしかなくなるのが不倫なんです。終着点は自分で見つけるしかない。誰も責任を取ってくれないし。嫌ならやめれば？　と言われる。理由を探せばやめる理由しかない。だから、とことん自分に、『私はどうしたいの?』と、何度も問いかけていかないと進んでいけないんです。そして、その答えが見つけ出せたとき、精神的な自立に繋がると思うんです」

小川さんからすると、彼との仲がうまくいかないというのは些細な問題でしかない。

「不倫相手の彼と連絡が取れなくてどうしましょうという方が来ても、私は真綿にくるむことをしないので。『ずっとそこにいたらもったいないよね、今はとりあえず放っておこうよ』って言います。ずっとそこにいたい人っているのですね。変わりたいと言っても、本当は変わりたくない人。自分が被害者でいたほうが、自分が変わらなくて済むから、被害者のままでいたいんです」

自分にとっての成長に繋がるのであれば、そしてそれによって人生がうまく回るなら、小川さんは不倫を肯定する。

「不倫に対して罪悪感を覚えるのは人として自然な感情ですが、私は、その罪悪感よりも自分の思いを優先する自分であることを認める勇気も同時に必要だと考えています。お母さんの役割って、夫や子どもたちが家に帰ったときに笑っていてくれたら8

割ぐらい終わると思っているんです。不倫をすることで、その心が健やかになるんだったら、不倫は必ずしもその全てが否定されるものではないと思います。ただ、どういう道を選んでも、選ぶ自由にはもれなく責任がついてきます。ですから、もしお互いの家庭に2人の関係が知られたとき、その結果を受け入れる覚悟は必要です」

小川さんは、不倫することによって「本当の自分の気持ち」「本当に望んでいること」が明らかになると語る。それは相談者のみならず、相談者の夫、不倫相手、不倫相手の配偶者など、全ての関係者に起こることだという。

「愛」の形は様々ある

5章で不倫体験を語ってくれた、大木華さんも今は不倫カウンセラーとして活躍している。彼女は性依存症に陥り、不倫の後、自殺未遂に至った。彼女を救ってくれたのがカウンセラーの存在だった。そこで初めて大木さんは自身の存在を肯定され、生きる希望が湧いた。そして現在はカウンセラーの資格を取得し、不倫で悩む人々の相談に乗っている。

「不倫は良い悪いと、ジャッジするものではありません。不倫自体は無色透明の出来事であって、そこに、どう意味合いをつけていくかはその人次第なんです。私は、不倫するには理由《わけ》があると思っていて、その理由《わけ》はひとりひとり違うと思います。その多くは満たされない気持ちです。だから、私は、苦しんでいる人に寄り添っていきたいんです」

女は満たされないときに不倫をする——であれば、その心の穴の存在を含めて相手の存在をまず肯定することによってしか、相談者の心の奥底にある問題は見えてこない。自身の体験を踏まえつつ、負のスパイラルから抜け出す手掛かりを見つけ、その手助けをするのが、大木さんのスタンスだった。

大木さんは、夫婦がすれ違う原因として、「愛情表現の齟齬《そご》」を挙げる。

「愛情表現をする上で、言葉、時間、スキンシップ、ギフト、サービスといった要素があるといわれています。『愛している』といった言葉、デートなど一緒に過ごす時間、セックスを含めたスキンシップ、プレゼントなどのギフト、料理などのサービス……。どこに一番、愛情を感じるかというのは人それぞれ違うんです。私の場合、スキンシップに愛情を感じるタイプだったんですが、主人の場合はそうではありませんでした。そこで不満が溜まっていったんです」

たとえ一緒に過ごす時間が長くても、大木さんのように「スキンシップ」に愛情を感じるタイプであれば、体を合わせなければ不満が募る。逆に「言葉」に愛情を感じるタイプであれば、いくらセックスをしていても、その愛が本物なのか信じることができない。お互いがどこに一番、愛情を感じるのか。そこが噛み合っていなければ、夫婦生活を円満に送ることはできない。

現状の日本の法律では、プラトニックな不倫はセーフ、肉体関係を伴う不倫はアウトとなっている。しかし、不倫する男女が、「スキンシップ」よりも「時間」に重きを置くタイプであれば、むしろ、彼らにとってはプラトニックな関係のほうがよりディープな不倫をしているということになる。

「女性は、『自分を愛して』って言うけれど、自分にとっての愛はなんなのか、具体的に言わないと、男性には分かりません。そこを伝えていかないと」

大木さんはそう講座などで伝えている。

不倫妻たちが集まった不倫座談会

大木さんの提案により、大木さんのカウンセリングを受けている相談者の中から有志をお呼びして、座談会を催すことになった。

計２日間、８人の不倫妻が参加した。両日ともに、参加者たちは体験談を語り、不倫をテーマに議論を交わした。その声を取り上げてみたい。

「子育てがひと段落してから。ＳＮＳのゲームを始めたんですが、そこで不倫相手を見つけたんです。不倫することで、新たな自分を発見し、女の喜びを実感できました。これを知らずに死んでいたらもったいなかったですね。今は罪悪感もなく、吹っ切れて楽しんでいます。旦那さんも、誰かいるんだろうと気付いています。以前はスカートとかは、はかなかったのに、身なりが変わったので。さらに最近は不倫相手とＳＭにもハマっていて……。また新たな世界を切り開いているところです（笑）」（Ｈさん・40代後半）

Ｈさんは、今は流れに逆らわない生き方をしていると自信げに語る。Ｈさんと同様、不倫で世界が広がったと語るのがＳさんだ。

「私は長い間、セックスレスだったんですけど、ちょうど去年、40歳になったばかりのときプチンと切れたんです。上の子どもが小学校6年生で、自分の手の中から出ていってしまうという焦りが生まれ、そうなると自分には何も残らないと思ったんです。女として生まれてきたことの意味というか、そういうのを知らないまま死ぬんだ……って。そこで出会い系サイトに登録して、今は3人の男性と体だけの関係でつき合っています。不倫したことで、新しい自分が見えてきました。世界が広がるというか、こういうことも好きだった。こういうところに行きたかった。こういうものを食べたかった……って。子育てだけでは、そういう世界の広がりは感じられませんでした。当初は子どもたちに色々と求めていて、子どもたちもきつかっただろうなあと思います」（Sさん・40歳）

不倫妻の多くは、子育てがひと段落してから不倫に走る。統計上、40代の女性の不倫率が最も高くなるのは、世の多くの主婦が、そのぐらいの年頃にちょうど子どもが大きくなって、子育てを終えるためだった。

子育てをしているときは、子どもに神経が注がれているからまだしも、子どもが大きくなってしまうと、とたんに心の隙間を感じてしまう。そのときにパートナーへの愛情がなくなっていると、心の拠りどころがなくなる。Sさんは言う。

「母親としての役目に必死だった頃は、女の部分を捨てていたところがありました。自分から封印してしまっていたんです。母親は苦労しなきゃいけない、華やかであってはいけない……って当たり前のように思っていたんです。その分、子どもに対して色々と求めてしまっていたから、子どももつらかっただろうなあと思います。その後、不倫したときは、世界の広がりを感じたけれど、子育ての際には、そういう感覚は全然ありませんでした。むしろ子どもへの執着といったところで……」

　不倫することによって、新たな世界が広がると前向きに語る主婦がいる一方、罪悪感を覚えた主婦もいた。

「不倫相手とは職場で出会いました。おつき合いしていくうちに主人よりも好きになってしまって……。でも、主人と別れることもできないし。彼のことで頭がいっぱいになってしまうのが嫌で、鬱っぽくなって、寝れない日々が続きました。このまま続けていったら体が持たないと思って関係を絶ちました。相手は独身で、たぶん遊びだったと思

うんです。軽い気持ちだというのは分かっていたので、私だけがのめり込んでいくのはつらかったです」（Yさん・40歳）

Yさんがとりわけ思い悩んだのは、子どものことを考えたときだったという。

「彼のことは好きだけれども、子どもたちはパパのことが大好きだし、主人に子どもを預けて不倫している私は最悪だなあと自分でも思ってしまいました」

また、不倫のことを知り合いに打ち明けると、攻撃されたと語る主婦もいた。

「信頼している友達だったけど、それ以来、ことあるごとに不倫しているくせにって言われるようになりました」

彼女はそれ以来、いつ旦那にばらされるのだろうかと恐れを抱いているという。

不倫の裏にある「冷め切った」夫婦関係

不倫することによって、女であることを認識する――そんな感想が何人かから挙がってきたが、それはいかに今の日本において関係が冷め切っている夫婦が多いかの裏返しでもある。

一般社団法人日本家族計画協会の『男女の生活と意識に関する調査』（2016年）によると、47・2％もの既婚者がセックスレスだと感じているという結果が出ていた。2004年だと30％超だったが、そこから十数年で15％以上もアップしていた。凄まじい勢いで増加し、今や夫婦の半数近くがセックスレスとなっているのだ。

不倫妻増加の要因には、このセックスレス問題が横たわっている。

なお、この調査によると、セックスに対して積極的になれない理由は、男性の場合、「仕事で疲れている」（35・2％）、「家族（肉親）のように思えるから」（12・8％）の順で多かった。一方、女性では「面倒臭い」（22・3％）、「出産後なんとなく」（20・1％）の順だった。

こうした理由から見えてくるのは、日本人が働き過ぎだということだ。OECDが出した2015年の日本の年間平均労働時間は、1，719時間となっている。ドイツの1，368時間、フランスの1，482時間、北欧のデンマークの1，412時間などのヨーロッパ諸国と比べると、圧倒的に長い。労働時間が長いと、それだけ家庭よりも仕事に時間が注がれる。世のサラリーマン男性が仕事で疲弊しているため、家に戻ってきてもセックスをする気力もなく、妻に対しても気遣うこともできなくなっている姿が容易に想像できる。

日本の労働時間の推移で見ていくと、一応、年々、右肩下がりにはなってきている。しかし、ブラック企業という言葉が広まったように、長引く経済的不況によって、作業量の割には実入りの少ない仕事や、精神的・肉体的につらい仕事が増えている。多少なりとも仕事がつらくとも実入りが多ければ、やる気に満ち溢れた人生が送れると思うのだが、今のように働いても働いても金が入ってこないとなると、疲弊するだけでセックスどころではなくなってしまう。

日本経済の落ち込みと、仕事の質の低下によって、多くの人々が疲弊し、セックスレスとなっているのであれば、経済を活性化させるか、休暇を増やすといった取り組みを、国全体でしていく必要があるのだろう。

「夫婦」とはなんなのか?

大木さんの主催する不倫妻の座談会では、夫婦の存在意義について話題が及んだ。

「旦那のことはどういう存在なのかよく分からないんです。『夫婦って何?』って思ってしまうんです。子どもがいるから一緒にいるというのもあるし、自分が働いていないので、いざ離婚して独立したときに生きていけるのかというのもあって、やむを得ず一緒に住んでいるというのもあります。生きていくために一緒にいるという感じで、この人と一緒にいたいという気持ちはまったくありません」（Sさん）

「やっぱり子どもが2人いるので、経済的に考えてシングルマザーはつらい。でも一生この人といるのかな？　というとちょっと自信がないですね。子どもがある程度大きくなったら、別居なり離婚なりしようかなあと考えています。好きで結婚したはずなのに、なんで戻らないのかなあと、自分でも分からないんです。彼はやさしいけれど、私の気持ちが冷めてしまっているんです。セックスしていても、早く終わらないかなあとしか考えられなくて」（Yさん）

結婚という制度に縛られ、一時的な恋愛感情によって結婚に踏み切ったものの、夫婦という形に疑問を抱く妻たちの姿がそこにあった。

私は、今の結婚制度は、日本の現状に合っていないと考えている。

一時的な恋愛感情で結婚したとしても、その恋愛はいつか冷めてしまう。ひとりのパートナーを一生涯、愛することができる夫婦がどれだけいるのだろうか。たとえセックスレスとなってもお互いに尊重し合える夫婦であれば、まだ関係を続けていくこともできるが、多くの夫婦は、相手と一緒にいる理由を見出せなくなっている。

それでも結婚制度に則って夫婦になってしまうと、なかなか別れようと思っても別れることができない。子どもが生まれると育児の責任も生じる。「バツ1《いち》」や「バツ2《に》」など、バツがつくことからも、世間的には、離婚に対しては否定的なイメージしかない。結婚というのが、むしろ、がんじがらめに束縛されるものにしかなっていないようにも思える。

私がそんな意見を言うと、参加者の方々からは「結婚しなければならないものだと思っていたから、それに疑問を覚えたことがなかった」という声や、「子どもが欲しければ、結婚するしかないと思っていた」といった意見が挙がった。

そんな中、大木さんは、一夫一妻制だけが結婚システムではないと言った。

「ポリアモリーという、複数の人と合意の上で性愛関係を築く概念が注目されていますよね。アメリカで造られた言葉で、日本にも伝わってきています。複数恋愛を隠さず、公表した上でつき合っていくという形です。妊娠したらみんなで育てる。地球家族みたいな形で、生き方が変わってきていると思うんです」

アメリカでポリアモリーが広まったのは、離婚率や不倫率の高さゆえだ。2組に1組が離婚するといわれているアメリカでは、日本以上に現状の結婚制度が機能しなくなってきている。

さらに、大木さんは「オシドリ」を例に挙げて言う。

「男女って、最初は自分とは違うところに惹かれるんだけれど、そのうち、そんな違うところが嫌になってくるんです。オシドリは毎年相手を変えています。なのに、オシドリ夫婦って言われているでしょ。人間だってそうだと思うんです」

もともと赤の他人なので、一生添い遂げるのは難しいものだ。

セックスレス夫婦の増加に加え、長寿化など、夫婦関係を維持するのが難しい要素が増えている現代社会。結婚制度を見直す時期が来ているのではないだろうか。そのことはまた別章で論じていきたい。

第7章　21世紀型不倫——不倫相手をネットゲームで探す時代

取材を進める中で、不倫の出会いのキッカケがオンラインゲームだったというケースが何件かあった。いったい、どうやってゲームの中で男女が知り合い、恋愛感情を育んでいくのだろうか。

バーチャルからリアルな関係へ発展していく過程は、21世紀型の不倫であり、そのなり行きを追ってみようと思う。

40歳過ぎてゲームにハマる

松本由紀さん（仮名）は46歳だが、年齢よりも若く見えた。穏やかな話し口調で、上品な佇まいの女性で、その喋り方は10代の幼い少女のようでもあった。

彼女は28歳のときに異業種交流パーティーで、旦那さんと知り合ったが、その後した同棲中から、2人の仲には暗雲が垂れ込めていたという。旦那さんは由紀さんよりも2つ年下で、アウトドアの趣味を持っていた。一方、由紀さんはインドア派で、旦那さんと趣味も価値観も合わなかった。２人は些細なことで喧嘩ばかりした。

「例えば、何かを食べに行こうって話をしますよね。でも、私の気分が変わって、『やっぱり何々しない？』って言うと、旦那は急に機嫌が悪くなるんです。なんで、そこで怒るんだろうって思うことばかり。旦那は凄く短気なんです」

由紀さんは性格的におっとりとしているが、旦那さんはせっかちだった。波長が合わなかった。

12年前に子どもが誕生してから、子ども中心の生活となった。そして、旦那さんのことも男性として見ることができなくなる。出産から今までの間で交わったのはわずか一度切りしかない。

「子どもが生まれてからしばらく経って、そろそろ大丈夫かなって向こうから言われたんですが、そのときは私が嫌だったんですね。まだそういう気になれなかったんです。向こうも、もともと淡白だから何もしてこなくて。それから８年。娘が小学校２年生のとき、旦那の実家に預けられることがあって。そのとき私も結婚もしているから、しないといけないかなあと義務みたいな感じでやってみたんですけど、精神的に凄く嫌な気分になったんです。しなければ良かったたって。そのとき旦那はもうそういう対象じゃないんだって分かったんです」

由紀さんはもともと性欲が強いほうではなかったので、セックスレスの状態は苦でもなかった。だから、他の男と不倫してまで性欲を解消したいと思うこともなかった。

そんな彼女が子育てが一段落したときに始めたのがオンラインゲームだった。

4年前にスマホに取り替えた際、友達から勧められたのがキッカケだ。それまで由紀さんは、ろくにゲームをやったことがなかったのだが、始めてみると、時間が経つのも忘れてしまうぐらいにハマってしまった。

最初はゲームのアバターだった彼

私はスーパーファミコン以降、まったくといっていいほどゲーム機に触っていないため、ゲーム事情に疎い。スマホゲームもほんの少しだけ、『パズル&ドラゴンズ』をやってみたものの、よく分からないままやめてしまった。

オンライン上でプレイヤー同士がやり取りできる機能のついたゲームのことを、「M

ＭＯ（大規模多人数型オンライン）」と呼ぶ。『ドラゴンクエスト』や『ファイナルファンタジー』などの人気ＲＰＧの中にも、ＭＭＯ機能がつくこともある。

例えば、ネット上でそんなＭＭＯ型のゲームを調べてみると、スクウェア・エニックスから発売されている『ニコッとタウン』があった。ゲームは、まず自分自身のアバターをゲームの中で制作するところから始める。すると、ゲームの中では自分専用の島と庭つき一戸建てが振り分けられる。家の中に家具などのアイテムを自由に配置し、ペットを飼ったり、庭で農作物を育てたりと、ゲーム中でマイホーム作りを行う。

そして街や広場などに出て、他のユーザーと会話する。これがＭＭＯ機能だ。まるでリアルにその世界に生きているかのような仮想世界がそこには広がっている。

現実世界とリンクする仕掛けもたくさんあった。ダイアリーや、写真を集めたアルバムも作ることができて、フェイスブックのようなＳＮＳ機能も実装されている。

由紀さんは、スマホゲームを始めてから、仮想世界で多くの人とやり取りするようになった。それまでは近所のママ友としか交流がなかったが、急速に世界が広がる。

「ゲーム内ではダイアリーをつけていたんですが、そこに誰かが訪ねてコメントを残してくれるんです。自分の顔も知らない、遠くに住んでいる知らない人が毎日のように『おはよう』って話しかけてくれるんですよ。嬉しかったですね。最初は抵抗があったんだけど、そのうち自分から話しかけるようにもなりました」

当初、ゲームで交流していたのはおおむね女性だった。料理のレシピを教えてもらったり、飼い猫のことを話したりした。

ゲーム内では、グループを結成して、イベントに参加することもできた。ある課題が与えられ、グループごとに一致団結して目的を達成する。それによってメンバーの絆が深まり、交流が活発となる。そんなグループの中に彼がいたのだった。

「最初は日記のやり取りでした。彼が一言コメントを残して、自分も彼にコメントを残すというのが、6カ月ぐらい続いたんです。彼は日記をマメに記していたけれど、それはだいたい自分の子どもとか家族のことでした。家族仲が良かったんですね。ある日、子どもにどういう誕生日プレゼントを贈ればいいかって彼に尋ねてみたんです。そこからよく話すようになりました」

お互いに好意が生まれ、LINEのIDを交換し合った。そのプロフィール写真を見て、由紀さんは初めて彼の顔を知った。こういう顔の人だったのかと思った。

この瞬間、彼の顔が、由紀さんのイメージ内でアバターからリアルに切り替わる。ゲーム内で彼と知り合ってから、既に1年の月日が経っていた。

その後もやり取りが続く。会う約束を取り交わし、由紀さんは新幹線に乗って彼の最寄り駅まで行った。彼は単身赴任で、都心からだいぶ離れたところで働いていた。

バーチャルな存在がリアルな人間に

由紀さんは彼との相性の良さを実感した。フィーリングに加え、肉体面での相性も抜群だった。旦那とはまったく交わりのなかった彼女だが、久しぶりにセックスしたことで、自分はまだ女なのだと実感できた。

「まさか、こんな年になって、自分が恋愛するなんて……」

由紀さんはしみじみ呟く。まだ誰かのことを好きになれるということが嬉しかった。

しかし、この恋愛には大きな障害が立ちはだかっていた。由紀さんが彼にハマっていくのとは対照的に、彼は壁を作っていたのだ。

「よく彼に言われたのは、私のことは現実ではないということです。ゲームの延長として考えているというか……。だから、彼は私にあまり会わなくても大丈夫だって言うんですよ。最初に会ってから、その次に会ったのが5カ月後なんです。私は好きになってしまったからもっと会いたいのに……。そのうち『なんで、こんなに会えないの？』って揉めるようになって」

由紀さんにとって、彼は既にバーチャルな存在ではなくてリアルな人間になっていた。しかし、彼は、リアルな由紀さんを全て受け入れることができなかった。彼は自身の本名や職場すらも教えてくれなかったという。

「彼は私よりも1年前からそのゲームをやっていて、彼が言うには、私と会う前にもそこで知り合った人と交際していたみたいなんです。でも、よくよく聞いてみたら、その人とは会ったこともないって言うんですよ。それでつき合うっていう意味が全然分からなくて……彼にとって、つき合うってなんなんでしょうか？」

バーチャルなつき合いからリアルな交際に至る上での問題――オンラインゲームで出会ったからこそのトラブル事例だといえるだろう。

最初に会ってから1年半。その間、会ったのは4回だけ。由紀さんが彼に対する不満を募らせるのもごもっともな話だ。しかし電話ではほぼ毎日、やり取りをしていた。

「彼は、私が家族と一緒にいるときに電話をしたいって言ってきたんですね。私はそれはできないって言ったんですけど……」

彼から何度も頼まれているうちに、夫婦が別室ということもあり、ケータイにイヤホンをさして、夜もこそこそと電話で話すようになったという。

「私も慣れてくると麻痺しちゃって。今度は私が電話しないとダメになったんです。そうなると形勢が逆転して、向こうが毎日電話をしてあげているって恩を売ってきて『こんなにしてあげているのに、何が不満なの？』って言われて……」

そのうち由紀さんは寝ているときも、彼との通話を繋ぐようになった。LINE通話であれば、さほどお金がかかることもない。「もう寝るよ」と言ったまま、通話を繋げっぱなしにする。すると、しばらくして、スマホを通して、寝息が聞こえてくる。彼との距離が近く感じられて嬉しかった。

そんな危険なやり取りを続けながらも、旦那さんが由紀さんの電話に気付いたことはなかったという。

不完全燃焼の恋心、でも不倫して良かった

会おうと思えばいつでもお互いに時間を作って会うことができるはずなのに、彼はまったく会ってくれない。由紀さんは愚痴をこぼす。

「会っているときが一番幸せじゃないですか。どんなにマメにメールをくれても、それだと物足りなくて……。去年の夏は一泊旅行に行ったんですけど、今年の夏は一度も会えなかった。なのに彼は家族と10日間一緒に過ごしていたことが分かったんです」

彼の自分に対する気持ちは冷めたのかと思いきや、電話口では甘い言葉をささやいてくれる。しかし、彼自身はそこまで由紀さんのことを思っていないことを、由紀さん自身も薄々と気付き始めている。

由紀さんは、最近、「彼は特殊な性癖の人」ではないかと思い始めている。LINEで「エッチな写真を送って欲しい」と頼まれたことが、そんな疑惑のキッカケとなった。

「リアルな女性と会わなくても、その声や、ネット上のやり取りだけで満足できてしまう男の人っているんですよね？　彼がきっとそうなのかなと。エッチな写真を送れって、ちょっとおかしいですよね？」

私としては、それがおかしいとまでは思わない。テレフォンセックスやスカイプを通してのオナニーなど、私の周りでもそういった行為をする遠距離恋愛のカップルはいた。

「いい年をした40過ぎの男性が、40を過ぎたおばさんに、と考えると引きますよね。女子高生とかが好きな人が、そういうのを見せてって言うものじゃないですか？……」

特殊な人だと考えることで、無理やり彼への思いを断ち切ろうとしているのかもしれない。40歳を過ぎてゲームを通じて知り合った彼との恋は、ほろ苦く、不完全燃焼のまま終わりを告げようとしている。

ただ、この不倫は、彼女に大きな気付きを与えてくれた。

「不倫して良かったと思えることは、彼と会って恋愛して、旦那と別れたいとはっきりと思えるようになったことです。彼との恋愛温度差で、自分の中の、旦那への冷めた気持ちに気付いてしまったので」

由紀さんは今後、経済的に自立してひとりで生きていきたいと語る。

第8章　子育てが終わっても終わらない夫婦関係

歌舞伎町で長年、探偵業を営んできた蓮実さん（50代・仮名）は、不倫する女性にはだいたい似通った状況があると語る。

「不倫をされる女性の方は、年齢はバラバラです。20代の方もいれば、40代の方もいます。ただ、おおむね寂しい思いをされている人たちですね。結婚前は、旦那さんも上げ膳据え膳でデートにも連れて行ってくれて、プレゼントもしてくれたけど、いざ結婚したら会話もなくなってしまった。会社も忙しいとか、なんだかんだ言われ、相手にしてくれない」

それが、よくあるひとつのパターンだという。寂しさから不倫に走るケースだ。そして、もうひとつは、「つまらなさ」が要因となっているケースもあるという。

「例えば、もともと遊び人の女性で、学生の頃から複数の人と交際していた。そういった女性たちは、男性と交際する敷居が低くて、旦那のことをつまらないと感じると、ちょっとホスト遊びに行ってみたり、浮気してみたりします」

寂しい。つまらない。そういった負の感情が、浮気へと駆り立てていくという。

しかし、今回ご紹介する江本佳純さん（55歳・仮名）が、そんな２つのパターンに当てはまっているかというとそんなわけでもないように思える。

彼女は絵に描いたような幸せな家庭を築いていた。

幼稚園の教諭をやっていたときに出会った旦那さんは、穏やかな性格で、大手マスコミに勤める有能なサラリーマンだった。稼ぎも十分で、２人の子どもにも恵まれた。24歳のときに結婚してから30年の月日が経つが、夫婦喧嘩は一度もしたことがない。先日、結婚30周年を迎えた際、夫は向日葵の花束をプレゼントしてくれた。自分が何をしてくれたら喜んでくれるのか、常に考えてくれる旦那さんだった。

そこには「寂しさ」もなければ、「つまらなさ」もなかった。

28歳の息子と、24歳の娘は立派に成長して巣立ってくれた。旦那さんは、忙しい仕事の合間を縫って、必ず子どもたちの学校行事には参加してくれた。２人の子どもはそんな両親に感謝をしてくれている。

「夫が最近言ってくれたんです。『ママは子どもたちに一度も僕の悪口を言ったことがないよね』って。だって、それは文句を言うようなことがなかったから」

旦那として、父親として、百点満点の点数をつけてもいい男性だった。もしも生まれ変わったとしても、やはり彼女は彼を旦那さんとして選んだかもしれない。なのになぜ、不倫してしまったのか。

「きれいな言い方をすれば、私たち夫婦は、完了できたのだと思います。私も旦那も一緒にいても、そこから先には進めなかったんです」

お互いに夫婦として、父親、母親として全てのノルマを果たした。

しかし、彼女は次第に家族という枠に縛りつけられることに窮屈さを覚える。それに気付いたのは、彼と出会ってからだった。

不倫相手のビジネスアドバイザーに

江本さんが彼と出会ったのは、10年前、友人のパーティーに行ったときのこと。当時は江本さんが44歳。そして、彼は3歳年下の41歳。彼は、兄とともに会社経営をしていた。

それから連絡のやり取りをするようになり、食事にも一緒に行くようになった。

彼は強い意志を持つ男性で、常日頃からリーダーシップを発揮していて気配りもできた。江本さんはそんな彼を見ながら大変そうだと感じた。

「あなたはどこで弱くなっているの？　強くいるために弱くなる場所がなかったら、バランスが崩れちゃうでしょ？」

彼は、そんな江本さんの言葉に意外そうな顔をした。そんなことを言う人は彼の周りにいなかったのだろう。

それからしばらく経って、彼は江本さんに言う。

「10年後、俺たちは一緒にいるから。腐れ縁だから」

江本さんは「腐った縁ならいらない」と返した。

ほぼ毎日、電話でやり取りした。２人の間には、愛をささやき合うような甘い会話はなく、ほぼ彼の会社経営にまつわる話ばかりだった。

江本さんは大学時代に教育関係の学部で心理学を学んでいた。経営のことは分からないが、人の心理をつかむことには長けている。部下や得意先の人たちの心をつかむためのアドバイスをした。彼は江本さんの言葉を頼りにした。

また、江本さんは、幼稚園の先生をしていただけあって、人のいいところを見つけて言葉にすることができた。彼が逆境に立たされているときであっても、ポジティブな面を見つけて励ました。すると、彼はとたんに自信を取り戻す。

交際し始めてからすぐに、彼はマンションの一室を借りた。

江本さんは、旦那さんに「1日だけ自由な時間が欲しい」と相談した。当時はちょうど家庭教師をやっていた。旦那さんは江本さんの相談を了承し、「誰とどこに行くの？」などとも尋ねてこなかった。まさか夫婦仲も良くて、真面目な妻が不倫しているなどとは微塵も思っていなかったのだろう。

江本さんは、毎週土曜日、旦那さんや子どもが起きる前に食事の準備だけすると、家を出て車に乗り、途中で彼をピックアップしてからマンションへ向かった。

体を交わらせることもあったが、彼はその大半の時間を寝て過ごした。平日は経営者として働き詰めで、土日ぐらいは休みたかったのだろう。

その間、江本さんは本を読んだりして時間を過ごした。彼が目を覚ましたのを見ると「まだここにいるよ」と声をかける。すると彼は安心したように再び眠りにつく。

幸せな時間だった。しかし、心の中では葛藤もあった。

なぜ、自分はここにいるのだろう。

家庭を放り出してまで、なぜ、ここに来てしまっているのだろう。旦那にばれてしまったとき、どうすればいいのだろうか。幸せと葛藤のせめぎ合いだった。

１泊２日、２泊３日ぐらいの旅行に出ることもあった。彼は、実家のお墓参りにも江本さんを連れて行った。いずれは一緒にお墓に入ろうと考えているのかと江本さんは憶測する。旅行中も彼が語るのは経営のことだった。愛の言葉ではなく、殺伐とした話ではあったものの、江本さんは自身の助言によって、大きな事業が左右されることに興奮を覚えた。

彼は自分が知らない世界を見せてくれる男性だった。

夫と、彼の違いはなんなのだろうかと考える。見つけ出した答えは「この人には私が必要なのだ」ということだった。

夫と自分の関係は完結していて、何かに向けて発展することはない。夫は、大きな会社に所属しているが、会社員である以上、決められた枠の中でしか動くことができない。仕事のことで相談してくることもほとんどない。

一方、彼は、自分が傍にいることで、より高みに昇っていくことができる。江本さんの言葉をいつも頼りにしている。彼の10年後を一緒に見てみたい。江本さんはそう切望するようになった。

結婚したいとは思わない

彼は奥さんに対して不満を抱いていた。子どもが生まれてから、奥さんは自分のことではなくて子どものほうばかり気にかけるようになってしまったからだ。

「幸せになれると思って結婚したのに詐欺だったよ」

彼は明けすけに言う。それは世間の多くの既婚男性が同様に考えていることかもしれない。そして江本さんに対してこう言うのだった。

「君と出会わなければよかった。自分の結婚が間違っていたと、気付かなかっただろうに……」

彼の言葉は嬉しかったが、江本さんはこう冷静にも考えていた。

不倫という立場だから、彼と良好な関係が築けているのかもしれない。これが妻の立場になったら、きっと彼の我儘で自分勝手なところは許容できなくなるのだろう。

相手との関わり方は、立場によって変わる。恋人同士という関係から、結婚したとたんに不仲になってしまうカップルがいる。また、不倫関係から離婚を経て結婚したことによって、関係が悪化するカップルも存在する。

不倫の場合、相手に対して無責任でいることができるが、家族となると、そうはいかない。それは、妻という立場から、子どもたちの母親という立場に変わった彼の奥さんも同様だったはずだ。もしも、子どもが生まれていなければ、奥さんは、彼にとっていい妻であり続けていたのかもしれない。

そう考えると、江本さんは、不倫のままでいいとも思った。

しかし、交際を始めてから5年ほど経って、そんな2人の関係が揺らぐ。彼の奥さんが2人の関係を察知したことにより、彼は、次第に今のままではいけないと考えるようになったためだ。

彼は奥さんから「あなた、こういう女性がいるよね？」と尋ねられたようだ。それに対して、彼は否定しなかった。慰謝料や子どもたちの養育費も支払い、離婚してもいいと決意するに至る。しかし奥さんはそれを良しとはせず、話は平行線をたどった。

一方、江本さんの旦那さんも、江本さんの影に男がいることに薄々と気付き始める。旦那さんの疑念を深めたのが、江本さんが旦那さんとのセックスを拒否するようになったことだ。江本さんは彼と交際して1年ほど経ってから、旦那さんと交わることが精神的にできなくなってしまったのである。

しかし旦那さんは深く問い詰めてくることはなかった。彼は最後までいい旦那であることを選択したのかもしれない。双方の夫婦はそれぞれ「不倫」に気付きながらも、夫婦関係を維持していた。

息子に不倫相手を紹介する

今回、本著を執筆する上で10人以上の不倫妻にインタビューしたが、子どもや親など、血の繋がった家族に不倫相手を紹介する人が何人かいることに驚いた。配偶者とも深く関わる家族に紹介するなど、本来であれば一番避けるべきことだろう。
しかし、今の配偶者と別れ、不倫相手と籍を入れることを想定しているのであれば、その行動も分からないでもない。のちの家族となるその異性を、離婚前に引き合わせることで、家族の反応を窺い知ることができる。反応が良ければ、そこで離婚へ踏み切る決断ができる。

江本さんは彼女の息子が社会人になってから間もなく彼に紹介している。彼との関係は息子さんに話していなかった。しかし、彼と一緒にいたら、自分が女の顔になってしまうことは分かっていた。だから、ばれることは覚悟していたという。腹はくくっていた。

その日は２軒の飲み屋をはしごして回り、５時間ほど仕事の話をした。息子さんは、ビジネスマンとしての彼に感銘を受け、江本さんはその反応に満足した。そして、幸いにも、２人の関係が息子さんにばれることはなかった。

２人は子どもを巻き込み、一緒になるため、その外堀を固めていく。

ある日、電話がかかってきた。非通知だった。

普段であれば、江本さんは非通知の電話は出なかった。しかし、このときたまたま旦那さんが海外に出張していた。海外からの電話だと、非通知になることもある。旦那さんかと思って電話に出てみると、女性の声で、「江本さんですか？」と尋ねられた。江本さんはピンときた。電話からは車のエンジン音が漏れ聞こえていた。

江本さんは「外ですか？」と尋ね、こう言った。

「日曜日の朝に外に出て電話をしてくださったのはよほどのことだと思います。だからきちんと対応したいと思いますけれども、お相手がどなたか分からない方に個人的なお話はできないので、どういう立場の方か、伺わせていただいても良いですか？」

相手からの返答はなかった。そこでもう一度、尋ねてみた。

「どういう立場の方か伺ってもいいですか？」

「どういう関係ですか？　○○にお迎えに行っていますよね」

それは何カ月も前のことだった。江本さんは、○○という場所で彼と会っている。おそらく、彼のＬＩＮＥを確認したのだろうと江本さんは思った。

「失礼ですが、奥様ですか？」

「会えますか？」

「はい、お目にかかります。ただ、どういう人か分からないと会えません」

ここまで言っても相手は自分の立場を明かさなかった。その代わりに「うしろめたいことがあるから何も言えないのですよね」と言われ、電話が切られた。

江本さんは奥さんがどういう顔の女性か知らない。これまで彼の話を通して想像したことはあったが、そのイメージはおぼろげだった。これが初めての接点だった。

江本さんは彼に言おうかどうしようか迷った。しかし結局、言わなかった。翌々日に彼の母親が入院することを聞いていたので、余計な心配をさせないほうがいいと思ったからだった。

それからしばらく経って、何事もない日々が続くが、ある日、自宅のインターフォンが鳴らされた。玄関口を映し出す画面には、50代ぐらいに見える女性が佇んでいた。彼女が奥さんだと気付いた。奥さんは怒っているというよりも、思い悩んでいる表情を浮かべていた。

江本さんは彼にLINEを打ってみたが、すぐに返信は来なかった。

もう一度、インターフォンが鳴る。玄関口に出ることができなかった。その日はそれで終わった。

時間が経つにつれ、江本さんは決心が固まる。今度、奥さんが来たら逃げずに対応しよう。こんなふうに逃げる人と、自分の旦那がつき合っているのだと奥さんに思われることが嫌だったからだ。

しかし、江本さんのＬＩＮＥで事情を察知した彼が、奥さんに話をつけたのだろう。その後、奥さんと関わることはなかった。

これからもずっと一緒にいたい

江本さんは今後、どうしていきたいのだろうか。あえて今の家庭を壊してまでも、彼と結ばれたいのだろうか。そう尋ねてみると、江本さんとしても考えあぐねている状況のようだった。

「彼がどうしたいのか、それに委ねている状況ですね。奥様が彼を支えてきてくださったのは事実なので。だから、彼が家庭をやり直すならそれでもいいんです。そんな奥様に感謝を持てないような冷酷な人間だったら、一緒に暮らしていても私のことを尊重してもらうことはできないので」

それが江本さんの本心かどうかは分からない。ただ、彼の心が奥様ではなく、自分のほうに向いていることを江本さんは確信している。

３年前、彼がある病気を患った際、病院選びから検査に至るまでつき添ったのは、奥さんではなくて江本さんだった。そのときだ。彼との繋がりを実感したのは――。

手術の日、彼の家族がつき添うため、江本さんは病院に行くことができなかった。心配でたまらず、手術後にＬＩＮＥを打ったが、返信はなかった。しばらく経ってからお見舞いに行き、なぜ、返信をくれなかったのかと尋ねた。

「ＩＣＵの中で発作が起きたんだ。おまえに言ったらおまえが寄り添うのは分かっていた。でも、後遺症でこんな自分を一生背負わせるんじゃないかと思って……」

彼はもしも自分に何かあった場合、江本さんがずっと寄り添ってくれることは分かっていた。しかし江本さんのことを愛しているからこそ、そんな重荷を背負わせることをよしとしなかったのだ。

今も２人は互いのことを一番のパートナーだと認め合っている。江本さんにとって、籍を入れているかどうかといったことよりも、お互いに気持ちが繋がっていることが何よりも重要なことなのだった。

第9章 ── 不倫に潜むトラブルの罠

8章ではあわや相手の奥さんと大揉めになりそうになった江本さんの話をご紹介したが、不倫にトラブルはつきものだ。

歌舞伎町で長年、探偵業を営んできて、今は飲食店もやりつつ個人的に相談を請け負っている蓮実さんは、これまでのトラブル案件を語る。

「依頼の7割以上は浮気調査ですね。調査してみたら仰天の結果だったこともあります。例えば、奥さんが旦那さんの浮気を疑って、旦那さんの後をつけていったところ、向かったのは新宿の2丁目でした。そしてゲイ専門のバーに入り、男と連れ立って出てきたんです。写真を撮って報告書を出したら、奥さんは絶句してしまいましたね」

旦那さんは男色であることを誤魔化すため、偽装結婚していたのだという。奥さんは、旦那が性に対して淡白だとは思っていたものの、まさか同性愛者だとは思っていなかったという。

「それから、不倫相手が、自分の姉だったというケースもあります。そのときは報告書の写真を見た瞬間に、依頼者の顔色が変わりました」

不倫相手が肉親だったとは、奥さんのショックたるや想像するにあまりある。

不倫された側は、おおむねパートナーや、パートナーと交際している女性に対して強い恨みを抱く。

「人情沙汰に巻き込まれたケースとかもありますね。奥さんが逆上して、包丁を持っちゃって。旦那さんを切りつけるところを止めて自分が怪我したんです。他にも、男のほうが、相手方に乗り込んで、ボコボコにして、警察沙汰になったりとか……」

この章では、不倫が招いたトラブルをはじめ、その裏で起こったドロドロとした人間関係を見ていきたい。その上で「別れさせ屋」という職業にも注目してみた。

不倫が近所にばれて引っ越し

不倫は相応のリスクを伴うものだ。

仮に配偶者にばれたら離婚の危機に陥り、慰謝料を払う可能性が出てくる。また、職場や知人にばれることによっても信用を失うことになるだろう。そして、芸能人や政治家など名の知れわたっている人であれば、信用失墜の度合いは甚大だ。

そのため、多くの不倫カップルは、人目を忍んで逢瀬を重ね、配偶者にばれないよう細心の注意を払う。

しかし、恋に落ちると盲目になるという言葉があるように、誰もかれもが、うまく立ち回れるとは限らない。そして、自分は気をつけていたとしても、相手側の要因によって危機に立たされることもある。

どういった具合にトラブルになってしまうのか。畠山瞳さん（50歳・仮名）の例をご紹介しよう。彼女は、普段は事務員として働いている。お子さんはいないものの、27歳のときに結婚した7歳年上の旦那さんとは仲睦まじく暮らしている。そんな彼女は10年前から12歳年下の独身男性と不倫をしていた。

2人の関係が旦那さんにばれたことはない。不倫相手である彼も、むしろ畠山さんと旦那さんの結婚生活がうまくいくよう、アドバイスしてくれたという。

「夜遅くなって、旦那と一緒にご飯を食べられないときがあって、旦那に怒られたとか話すんですね。そしたら、彼から『それはダメだよね』って、たしなめられたりします」

それは分をわきまえた大人の不倫だった。

彼とは毎週水曜日に会っていたが、畠山さんはその日に限っては、絶対に残業をしなかった。職場や旦那さんには、長年のつき合いである女友達との女子会だと嘘をついていた。

「女友達5人ぐらいが集まって愚痴を言い合う会で、水曜はカクテル飲み放題なの」

ディテールまでしっかりと作り込んでいたからだろう、疑われたことはない。

しかし畠山さんは2年前、その彼と同時平行で別の既婚男性とW不倫をするが、そのときはあわや家庭崩壊寸前にまで追い込まれた。その男性を仮にMさんとしよう。

Mさんとの出会いは地元の居酒屋だった。2人は休日になると、ゴルフの打ちっぱなしに行ったり、バトミントンをしたり、ドライブに行ったりと、デートを楽しんだ。しかし2人の住まいはご近所だったため、共通の知り合いも多く、その交際が地元でも話題となってしまったのだ。

Mさんは奥さんに対して不満を持っていた。畠山さんにのめり込んでいくにつれ、結婚生活に我慢することができなくなり、奥さんに別れを仄めかすようになる。

火遊びのはずだった不倫関係がいつの間にか危険水域を越えてしまった。畠山さんとしてはまったく予期していない展開だった。そしてついにある日、Mさんの奥さんの母親から電話がかかってくる。畠山さんがMさんの自宅へ行くと、母親は「お願いします」といって土下座した。

そこまでされた上で交際を続けることはできず、畠山さんは再び彼とは会わないという約束を取りつけられ、旦那さんとともに、慣れ親しんだ地元を引っ越すハメとなる。

同じ女性の中に、うまく隠し通したケースと、危機を招いたケースの2つがあった。両者の不倫の違いはなんだったのだろうか。

その理由としては、まず地元という身近なところで関係を持ってしまったという点がある。いくらカモフラージュのためのディテールを作り込んだとしても、顔見知りのいる場所で逢瀬を重ねれば、交際が周囲に知られるところとなるのは避けられない。

そしてもうひとつ。畠山さん自身がいくら気をつけていても、不倫相手が一線を越えようとしてくる可能性は常にある。不倫相手が、畠山さんのセカンドパートナーでよしとするか、よしとしないか、その意識の差があった。

男女関係の終着点は、婚約関係だ。しかし必ずしも、不倫関係よりも、婚約者である立場のほうが、交際していく上で幸せになるとは限らない。

結婚すると、夫婦はお互いに家庭を営む義務が生じる。生活を維持するため、働いてお金を家に入れ、家事もやらなければならない。

片や不倫の場合、そういった義務などは一切なく、男女としての楽しみだけを純粋に満喫できる。夫婦関係という確固とした柱が一方で形成されているからこそ、彼らはこれだけ純粋に愛を育み、その関係性だけに没頭できるのだ。

畠山さんの最初の不倫相手は、そんな不倫における旨みを理解していたからこそ、夫婦生活がうまくいくよう、助けてくれたのだろう。しかし、ご近所だったMさんのケースに至っては、自身と畠山さんの家庭をも壊してまで、畠山さんと寄り添いたいと考えたのだ。

女性は一途になりやすい

単純に恋愛関係だけを楽しむのであれば、結婚よりも不倫関係のほうがいいのかもしれない。しかし、中には、そんな割り切った関係では満足できず、相手の家庭を壊してまでも添い遂げたいと考える者もいる。そんな相手と交際してしまうと、火遊びの不倫だったつもりが、取り返しのつかない結果になる。

主婦ライターの如月小百合さんは、「私の周りには略奪婚がけっこういる」と語る。

「相手の男が妻帯者の場合、その男を略奪しようと思ったら、子どもを作っちゃうのが一番いいんです。口でいくら言ったところで逃げられるだけだから。『できちゃったから責任を取って。堕胎はしたくない』って言うんです。仮に中出ししなくても、ちゃんと妊娠はできます。『きょうは生でやりたい』なんて言えば、男はだいたい生でやりますからね」

排卵日の3日前から排卵後1日ほどが最も妊娠確率が高い。こうした危険日にあえて生でセックスすることにより、デキ婚を狙うのが、略奪婚を狙う女の手口だ。危険日に膣外射精をしたときの妊娠確率は、1年間でおよそ4～18％程度だといわれている。確かに中出ししなくとも、決して妊娠しないわけではない。

妊娠の可能性をより高める手口もある。例えば、男が射精したときにイッたフリをして男の腰を強く抱え込んで動けなくして、精液を取り込んでしまう。後で何か言われても、無我夢中だったのでよく分からなかったなどと答える。男があわてふためいたら、「安全日だから大丈夫」と言って安心させる。

「略奪婚をやる女性には、２つのパターンがあります。ひとつは頭のネジが外れているパターン。こういった人たちは、略奪婚だと周囲に知られているというのに、平気でＳＮＳで結婚報告を開いたり、結婚式を挙げたりしています。陰で何を言われるとか考えていないんです」

そう言えば、私の周りにもそういった女性がいた。彼女たちはおおむね能天気であり、自分勝手でもある。迷惑を顧みず周りを引っかき回すことも厭わない。

では、もうひとつのパターンはどういう人たちなのか。

「自己評価が高い系です。こういう人たちは、略奪結婚の後、『ひどいことしちゃった』なんて反省したふりをして言うんですけれど、その裏で薄笑いしています。同性だからそう思うのかもしれないけれど、ひどいことって言うのは、自分が相手よりも優れているると思っているからこそ言えるんですよ」

女は怖い。略奪婚を企むのは男性よりも女性のほうが多い。それは、男と女の身体上の特性が関係している。

男の場合はひとりの女性を愛し続けるよりも、多くの女性と関わりたいと望む人が多い。理由は、男性が、子どもを生む上での身体的な負担が少ないためだ。男が子どもを生むために必要なことは、性行為で精子を排出することだ。そこには快楽だけしか存在しない。

片や、女性の場合は、妊娠すれば、身重な期間が長期にわたって続き、生むときには激痛が訪れる。さらに生まれてからも、旦那や周囲の手助けを受けられるとしても赤ん坊をつきっ切りで面倒を見て、授乳して育てなければならない。精神的にも肉体的にも負担が大きいため、おいそれと誰とでも生殖行為をして子どもを生むわけにはいかないのだ。そのためなるべく優秀な男の遺伝子を残せるよう、男を選別しなければならない。

こうした事情もあって、女性は、「これ」という目にかなう男を捕まえようとする。これが、色んな女に目がいってしまう男と違い、女性が一途になりやすい理由だ。

世界では一夫多妻制の国も見受けられているが、日本では一夫一妻制と定められている。女たちの目にかなう男たちの数は限られている。そして、「いい男」であればあるほど、早く結婚する可能性が高い。こうした男を捕まえるためには、略奪も厭わない女性が出てくるのは仕方のないことなのだろう。

こうしたことを踏まえると、一夫一妻制は、一見、民主的にも思えるが、むしろ、妻が得られない男性に平等のチャンスを与え、多くの女性から、いい男を得る機会を奪うシステムだといえるのかもしれない。人間の生態としては、ひょっとしたら、一夫多妻制のほうが合っているのかもしれない。

「別れさせ屋」というお仕事

交際相手と別れさせ、自分のものにしたい——そんな略奪愛にはトラブルの芽が山積みだ。

株式会社アクアグローバルサポートは都内に事務所をかまえる、いわゆる「別れさせ屋」と呼ばれている業態の仕事を請け負う会社だ。社員は20人ほどで、この業界では、日本で最も依頼者数が多い。一部の社員は関西にも常駐していて、全国的に仕事を引き受けている。この仕事ほど男女のディープな部分を垣間見える職業はない。

依頼の中には、主に「(この人と)別れたい」というパターンと、「別れさせたい」というパターンの2つがある。前者が3割、後者が7割ぐらいの割合だという。

そして、「別れたい」の場合は男性の依頼者が多い。

「今の妻と別れたいが、彼女が別れを承諾してくれない」といったケースである。

一方、「別れさせたい」の場合は女性の依頼者が多い。

「配偶者が不倫しているから、その浮気相手と別れさせたい」

「大好きな彼を彼女と別れさせて、私のほうに振り向かせたい」といったケースだ。

こうしたことからも、やはり女性のほうが恋愛に対して一途で、執着心が強いことが窺える。

川嶋さんは、入社してから9年目の社員だ。

彼女の仕事内容としては、まずは依頼者からヒアリングした上で、それに最適なシナリオを練る。そして、工作員を配置し、シナリオを実行する。ときには自身が工作員になることもある。工作員は年齢も性別も様々で、80人ぐらいが登録しているという。

「男性を振り向かせて浮気をさせるという計画の場合、美人のほうがいいかと思われるかもしれませんが、あまりモテないタイプの人の前に美人が現れても、本人は違和感を覚えるんですね。なぜ、自分に好意を示しているのかと。人が安心して心を許してしまうキャラクターのほうが工作員には向いていると思います」

表面上は、和やかでいい人だというのに、実は工作員だったというのは、想像すると怖い。

工作員はどのように動くのか。

「別れるときは非を作るのが一番です。つまり、浮気です。男性の場合、下心を利用できるのでやりやすいですね。ですが、女性の場合、イケメンが近づいていったら口説けるわけでもないので、まずは、女性工作員が近づいて親友になり、今のパートナーと別れることのできない理由だったり、何が心配で別れられないのか、万が一別れるとしたらどうやったら別れられるのか聞き出していくんです」

たとえ、そのターゲットが今の交際相手にぞっこんだったとしても、人間なので隙はある。好きだけれどもここが気になるという点が必ず存在する。その傷を大きくしていき、別れさせるように仕向ける。

プロジェクトを成功させるためには数多の工作員が投入されるケースも多い。親友役や、口説くための役、親友の友人役などだ。大掛かりな一大芝居が繰り広げられている。

「依存型」の女ほど、男に一途になりやすい

川嶋さんがこの仕事をする上で実感したことがある。それは、「依存型の女性が多い」ということだ。

依存型とは、自立しておらず、男に頼らなければ生きていけないタイプの女性だ。そんな女性にとっては、人生で最も重要な位置づけが男となる。妻子持ちの男を愛した場合、相手の家庭を壊してまでその男を奪い取ろうとする。病的な恋愛をするタイ

プだ。

「女性の場合、おおむね性別として依存傾向を持っているところはあると思います。弊社に来る女性客、あるいは、男性客が『別れたい』と依頼してくるパートナーの女性は、とりわけその傾向が強いんです。いわゆる『重い女』と言われるタイプですね」

依存型の女性は、仮に好みの男性を奪うことができても、その男性が自分に対してぞんざいな扱いを見せると、とたんに物足りなさを感じる。自分が尽くしたら、それに見合うだけの見返りを欲する。彼女たちは、常にかまってくれないと我慢がならない。そして、不満を覚えるや、また不倫に走るということを繰り返す。

川嶋さんは、別れさせ屋の仕事をする中で、こうした女性たちの依存体質を変えていきたいと思うようになった。

「女性がその根本的なところに気付かないと、不倫はやめられないでしょう。私は、彼女たちにリピーターになって欲しくないので、『一度依頼したら一生依頼しないでください』って言っています。それを繰り返していても幸せにはなれないので。愛しているというだけでは、10年、20年とは続きません。相手の生き方、考え方などをどれだけ尊重できるかというのが、夫婦としての2人の絆になると思うんです」

リピーターになってくれたほうが会社としてはおいしいはずだ。しかし、川嶋さんは依頼者に同じ過ちはして欲しくないと考えている。

増えるストーカー被害

「依存型の女」にも関連することだが、恋愛トラブルにつきもののストーカーにも注目したい。

本章の冒頭で登場した探偵の蓮実さんは「今はストーカーが生まれやすい状況になっている」と指摘する。

「おそらく、男性も女性もそうなのでしょうけれど、恋愛経験豊富な方は、意外と色々なことで回避できるのですけれど。恋愛をあまりこなしていない方は、1回やっちゃうと、ハマってしまうというケースが多いのかなと思います」

今、恋愛は二極化しているといわれている。

モテる人は何人もの異性と関係を結んで経験を積むが、モテない人は中年になるまで性的関係を持たない。中年童貞や高齢処女も、今の世の中では珍しくなくなった。2015年の『出生動向基本調査』によれば、セックス経験がない未婚の30代前半女性の割合は31・3％となっている。その割合は過去5年で約8％も増加しているのだ。

童貞や処女という言葉からイメージされるのが、「オタク」という言葉だろうか。ネットサイトの「しらべぇ」が2017年に、20代から60代の1，400人の男女に調査したところ、自分がオタクだと自覚している人の場合、性体験のない人の割合は33・7％となっていた。これが一般の人の場合、10・6％だった。オタクのほうが3倍以上、性体験が少ない結果である。「オタク＝童貞・処女」というイメージは、このデータからすると、あながち間違いでもない。

かつてはオタクや童貞というと、ネガティブなイメージでしか語られることがなかったが、2005年の「電車男」のヒット以降、状況は変わりつつある。オタク文化がクールジャパンの象徴として見られ、むしろ日本の誇るべき文化として認識されるようになった。今やオタクは市民権を得ている。

べつに異性と交際しなくたっていい。それだけが幸せな人生ではない。現実のわずらわしい人間関係よりも、アニメやゲーム、漫画、アイドルのほうが面白い。そっちにハマっていたほうが、ストレスもかからない。

一昔前は白い目で見られていた生き方だが、人に迷惑さえかけなければ、今は多様な生き方が認められている時代だ。そんな世情の変化こそが、性体験のない人の割合が増えている要因になっている。

しかし、そうは言いつつも、こうした生き方を選択してきた人の中にも、年を取るにつれ、「結婚（交際）してみたい」「結婚（交際）しなければならない」と考え、そこから異性と接触しようと試みる人たちもいる。彼らは若い頃に火傷していない分、相手に対してのめり込んでしまいやすい。

「ようは、ひな鳥と同じですね。ひな鳥は最初に認識したものを親と思い込むじゃないですか。初めてのエッチの相手ってなると、刷り込みでこの人が私の彼氏、結婚する相手ぐらいに思っちゃう人もいるんですよ。ましてや30年以上も異性と縁がなかった人だと……。これが若い頃から何人もつき合っていると、目が肥えてしまうので分かると思うんですけれど」

探偵社に依頼に来る者の中には、元交際相手を調べて欲しいといった依頼をしてくる、ストーカーっぽい人たちもいるらしい。しかし、探偵事務所は、必ず警察からどういう目的で調査するのか確認するようにと指導を受けている。ストーカーのための調査は一切断らなければならない。

「三鷹ストーカー殺人事件のように、転々と場所を変えたとしても、相手が追いかけてきて刺してしまうとか、そういうケースもありますから。普通の人だったら、そこまで嫌われたら諦めようとなるんですけど、中には、その人を逃すともう恋人はできないと思い込んじゃう人もいるんですよね……」

恋はのめり込むほど、熱く燃え上がる。しかし、それが一方通行の場合、不幸な結果しか招かない。

依存体質、ストーカー体質の者が関わる恋には注意が必要だ。そしてそれが仮に不倫相手が、そういったタイプの人であった場合、家庭が徹底的に壊されることも覚悟しなければならないということなのだろう。あまり恋愛経験のない異性を不倫相手に選ぶときには要注意だ。

第10章 ――― いったい誰が悪いのか？

不倫妻の話を聞いてきて、そのインタビューを読み返してみると、気付いたことがある。

ナンパで出会った男性と体を重ね合わせることで、旦那さんのモラハラを解消している葉山由香里さん（4章）は例外ではあるものの、どの奥さんの話を聞いていても旦那さんの影が非常に薄いのだ。

「空気のような存在」

「いるのかいないのか分からない」

取材しながら、そんな言葉を何度聞いたことだろうか。

結婚の過程で、お互いの愛情が徐々に冷めるのは仕方がない。恋愛感情は長続きしない。

しかし、これが例えば、私（41歳）の親世代の年齢の父親であれば、たとえ恋愛感情がなくなったとしても「空気のような存在」にはならなかった。

父が仕事から帰ってきたら、ピリピリとした空気が張り詰める。母は玄関まで出迎え、仕事をねぎらい、お風呂にするかご飯にするか問いかける。リモコンの操作権は父にあって、私たちがアニメを見ていても、父の一存で番組が変更される。

私の父は理不尽なことでは怒ったりはしなかったものの、細かいことに厳しかった。食事中は、私の行儀が悪かったらこっぴどく叱られる。箸がうまく握ることができるようになるまでは、ご飯もろくに食べさせてくれなかったほどだ。父の厳しさは母に対しても向けられた。箸や茶碗はそれぞれ誰のものか決まっているが、間違って別の人の箸や茶碗を出してしまうと怒る。

そんな父ではあったが、土日はほぼ毎週、家族を連れて様々な場所へ連れていってくれた。子どもが大きくなってからは、母と連れ添って買い物に行ったり、観光地を巡り回ったりしていた。私たち家族にとって、父が空気のような存在であったことはなかった。

私は、そんな父が世間で特殊だとは思っていなかった。私の周りの友人たちの父親も家庭内では絶大な権力を握っており、「怒ってテーブルの上の料理を全部落とした」

とか「家から締め出された」といった話を当たり前のように聞いていたからだ。

父親の存在感が、家族内で薄まるのは80年代、90年代生まれの方々からではないだろうか。

世の父親は威張らなくなり、家庭内で肩身が狭くなっていった。家に帰っても妻は子どものほうばかり向いていて自分を気にかけてくれない。もちろん、そんな寂しい父親ばかりではなく、ムードメーカーとなって和気あいあいと妻や子どもとコミュニケーションを取る父親もいる。しかし、かつてのような怖い父親はだいぶ少なくなってしまった。

こうした父親の存在感の変化こそが、昨今の不倫事情にも影響しているのではないだろうか。私の世代の父親は家父長としての立場にあった。家では父親が大黒柱となり、妻が縁の下の力持ちとしてサポートする役目を担う。

そんな価値観においては、妻は家に縛りつけられることになるため、妻の不倫は許されない。一方、権力者である父が不倫をしたとしても、家庭内にお金を入れ、不倫相手にも存分に払っているのであれば、それは「男の甲斐性」と呼ばれる。

それは結婚生活を維持する上で有効なシステムだった。

日本において理想の夫婦として考えられているのは、「浮気をしないで、末永く死ぬまで寄り添い続ける」夫婦像だ。つまり、「離婚」こそが、大敵なのである。

そんな理想の夫婦の状態を維持する上で大事なのは、女性の不倫を防ぐことだった。

女性が不倫した場合、恋に盲目的になって、家庭を壊してまで自分の思いを添い遂げようとするケースが多い。片や男性の不倫の場合、火遊び的な感覚で手を出してしまうことが多い。家庭は維持しつつも不倫相手とはあくまでも遊びと割り切る。昭和の時代の家庭においては、男たちが外で不倫しても、女たちが家庭に収まっていたため、家庭崩壊に至るケースは少なかった。

「顔を合わせても喧嘩ばかり。でも、別れようなんて考えたことがない。夫婦というのはそういうものだと思っていたから」

かつてはそんな妻たちの諦めの声は全国至るところで聞こえていた。「理想の結婚像」は妻の犠牲によってなり立っていたのだ。

しかし、昨今は父親の家庭内での権力が落ちたことにより、相対的に妻の家庭内での力が強まった。結果として妻が不倫に走りやすくなり、離婚率が増加するという流れが生まれているように思える。

女性の社会進出と比例する離婚率

グローバルな観点からすれば、昭和の時代の夫婦像は、男尊女卑と見なされる。今もなお、日本における専業主婦の割合は高いが、そんな現代の日本社会もやはり、世界的には「遅れている」と見なされている。２０１７年度の世界「男女平等ランキング」によると、世界１４４カ国中、日本は１１４位の結果となっている。労働賃金、政治家・経営管理職の人数などが低ポイントの要因で、社会進出の度合いが他国に比べて低いと評価されてしまっているのだ。

とはいえ、世界的には遅れを取っていても、日本国内では共働きの夫婦は増加している。日本はゆるやかに男女平等の道を歩んでいる。

そして女性の社会進出に比例して離婚率も上昇しているというわけだ。離婚率の推移で見てみると、日本では１９７０年は人口１，０００人比で１程度だったが、

２０００年前後は2を上回っている。ここ数年は１・８あたりで横ばいだが、50年前に比べると、およそ2倍となった。女性が強くなると離婚率が増加することは「男女平等ランキング」と「離婚率」の相関性からも窺い知ることができる。

離婚率（ＯＥＣＤ２０１６年発表・人口１，０００人あたり）の高い順に挙げると、１位がロシア（４・５）、２位がデンマーク（３・４）、３位がリトアニア（３・３）、４位がアメリカ（３・２）、５位がラトビア（３・１）となる。これらの国々の女性の社会進出度を現す「男女平等ランキング」（２０１７年）は、ロシアは71位と低いものの（とはいえ、１１４位の日本よりはだいぶ高いが）、デンマークは14位。リトアニアは28位、アメリカは49位、ラトビアは20位となっており、軒並みランキングが高い。

こうしたデータを見るに、今後、日本の女性の社会進出が強まるにつれ、離婚率は欧米諸国並みに上昇するように思える。

自身で稼ぐ糧を持っている妻であれば、冷え切った夫婦関係などさっさと終わらせ、新たな相手を見つけることもできる。しかし、これが専業主婦だと、なかなかそうはいかないからだ。

離婚をポジティブに考えよう

かつて日本の男たちは、父権によって家庭を取りまとめ、家族生活を営んできた。それによって低い離婚率や、高い婚姻率が実現されていたが、もはや、そんな権力は立ち消えている。では、今後、夫婦が長年寄り添っていく上での要素となるものはなんなのか。その問いに対しては、愛、尊敬、子ども、金、世間体といった理由が思いつく。

多くの人々は「夫婦に必要なものは愛」と認識しているだろうが、「男女の愛」はいつかは冷める。愛だけで突っ走った結果、破たんする夫婦がいかに多いことだろうか。

別れさせ屋の社員である川嶋さんも言っていたが、むしろ、結婚する上で見なければならないのは、相手の仕事や人格、生き方、思想など、「尊敬」できるところがあるかだろうか。たとえ愛が冷めたとしても、互いを認め合うことができれば、一緒に暮らすことの意味を見出すことができる。

「子ども」がいる場合、たとえ夫婦関係が冷え切っていても、離婚を思いとどまるケースが多々あるだろう。

「金」は夫婦ともに同等に稼ぐ能力を有しているのであれば、結婚生活を維持する理由にはなりにくい。

そして夫婦の最後の砦となるのが「世間体」だ。結婚式を挙げてたくさんの友人を呼んだのに離婚するのは気まずい。友人に馬鹿にされてしまう。友人たちの前ではいい夫婦を演じていたい。

そのいずれも存在しないのだとすれば、離婚へとまっしぐらとなる。

しかし、ここで考えてみたい。離婚は悪いものなのだろうか。

離婚することによって、さっさと今の生活にケリをつけ、新たな人生を歩むことができるし、それだけバラエティーに富んだ人生を生きることができる。それはポジティブなものとして捉えられないだろうか。

一夫一妻制は近代の名残り

不倫妻の増加、離婚率の増加をもって、日本人のモラル低下に結びつけて考える人は多い。

しかし、日本はもともとモラルのあった国なのだろうか。

不倫や離婚という観点から、日本という国を見てみると、ご存知の方も多いかもしれないが、江戸時代以前の日本においては、武家や町人などは別として、農村の民衆レベルでは性的なモラルが薄くて、離婚・不倫大国だった。

参議院調査局第三特別調査室から出された『歴史的に見た日本の人口と家族』（縄田康光著）によると、江戸時代の人口1，000に対して、離婚率は3・3となっている。現代の日本の離婚率は約1・8であるため、現代のおよそ2倍もの夫婦が離婚していた。ちなみに、2組に1組が離婚しているといわれているアメリカの離婚率は、2・8だから、江戸時代の日本はアメリカよりも離婚率が高かった。

そして、離婚のみならず、浮気や不倫も頻繁に行われていた。平安時代の万葉集には人妻との浮気が記されたものが多々あり、日本最古の文学とも言われている『源氏物語』も不倫物語である。

全国的に夜這い文化が根付いていたことから、性の規範もゆるかやかだった。女性には「婚前の処女性」なども求められておらず、結婚するまでに何人もの男と関係を持つ。結婚後も村の若い男へ性の手ほどきをしたりと、旦那以外の男と性行為をすることもあった。

夜這いにおいては、女性の家へ男性が通う形となる。そのため、結婚も同様に旦那が妻の家へ通う「妻問い婚」が全国的に広く見受けられた。夜這いによって「旦那」と認められたら、そのまま妻の家に入る。当時の日本は女性を中心に回る「女系社会」だったのだ。

結婚の大敵は「不倫」と「離婚」の2つだが、その観点から見ると、江戸時代以前の農村では、現代の日本人が理想とする結婚生活は存在していなかったといえる。

そんな日本が変貌したのが、明治期だった。外国船の渡航制限を貫いていた日本に西洋文明が入り、日本の古い風習や価値観が否定される。西洋ではキリスト教の影響もあり、生涯、ただひとりの異性とだけ生殖のためのセックスをすることが推奨されていた。このとき、性におおらか過ぎるのは良くないと、西洋文化を学んだ日本の文化人たちが気付いたのだ。

そして、日本人の倫理規範を決定づけたのが、1898年の明治民法の施行だ。この民法上では「家制度」が規定されている。

家制度というのは、戸主が家の統率者となることが定められた法律で、それは、武家社会で見られたような家父長制度のようなものだった。都心から離れた村々においても、女系社会から男系社会へ転換する。

家制度は日本国憲法の施行をもって廃止されたものの、今に至るまで、日本社会にその名残りは残っている。

現代の日本にそぐわない結婚システム

現行の日本の法律上、不倫は不貞行為とされている。また、一度結婚すると、おいそれと離婚することもできない。夫婦双方が離婚に同意した上で離婚届を役所に提出し、受理されることによって離婚が成立する。恋愛のように片方だけの意思でその関係を解消することはできない。また、離婚すると「バツ1《いち》」や「バツ2《に》」など、「バツ」という呼び名がつき、人生の失敗者のように見られてしまうことから、離婚を躊躇する人も多い。

しかし、そんな厳格な結婚システムが日本人に合っているのかどうかは分からない。歴史的な流れを見ていくと、日本はもともと、性に対しておおらかな国で、離婚も不倫もさして珍しいことでもなかった。これはつまり、日本人の国民性としては、今の結婚システムに捉われなくとも、社会は維持できるということだろう。

不倫妻の増加をはじめ、非婚率の増加、セックスレス夫婦の増加など、今のシステムは機能しなくなりつつある。

そして、結婚生活の維持をさらに難しくしているのが、平均寿命が延びていることだ。日本の平均寿命は世界1位である。戦中・戦後は人生50年といわれていたため、仮に20歳のときに結婚したとしても30年程度の結婚生活を維持すればよかった。しかし、２０１５年調査の日本人の平均寿命は83・9歳となっており、30年も延びてしまったのだ。30歳のときに結婚したとしても50年間も結婚生活を維持しなければならない。熟年離婚は社会問題となっている。

今こそ、新たな結婚観やシステムを取り入れる必要が出てきている。

世界的に見れば、既に結婚制度の改革へ踏み切っている国も存在している。

例えば、フランスには「PACS（パックス）」と呼ばれる、「結婚よりもゆるいパートナー制度」が存在している。結婚よりもたやすくパートナー関係を解消できるが、結婚と同様の社会保障や法的権利が認められている。この制度が1999年に制定されて以降、フランスでは子持ちのパートナーの約6割は結婚していない。

スウェーデンにも「Sambo（サムボ）」と呼ばれている制度が存在する。こちらも婚姻関係を結ばずとも、育児手当などが保証される制度だ。オランダでも「登録パートナー制度」が存在しており、結婚せずとも、相続や社会保障などが認められている。

結婚となると、「離婚するのが大変」「互いの家族を抱え込まなければならない」「一生涯、パートナーを愛し続ける自信がない」といった多くの障壁が存在する。それが非婚率の上昇や、たとえ夫婦仲が冷え切っていても離婚しにくい状況を生み出している。

しかし、結婚よりもゆるい制度が生まれることによって、その障壁がなくなり、よりパートナー間の交際の自由度を高めることが可能となる。

夫婦関係が壊れ切っていて、寂しさから不倫へ走る妻たちを救うためにも、結婚よりもゆるいパートナー制度を作るのは一考に値するのではないだろうか。

これからの社会のあり方

本著は『日本人妻はなぜ、不倫をするのか』というタイトルだが、最後に、それに対する答えと、それに対処する方法をまとめ、この章を締めくくりたい。

〈なぜ、不倫妻が増加しているのか〉

・女性の社会進出が進み、家父長的な社会が薄れてきているため。
・インターネットの発達により、ブログで不倫を告白する者が増え、それに感化されてしまうため。
・夫婦のセックスレス化が急激に進んでいるため。
・個人主義的な価値観が蔓延し、社会規範がゆるくなっているため。
・長寿化の道を歩んでいるため。

そんな原因を解決するためには様々な解決方法が考えられる。

セックスレス改善のため、日本人の生活の質を変革させるのもひとつの手だ。また、父権を復活させるという、保守的な案もあるのだろう。

私自身は、先にご紹介したように、ヨーロッパのように、結婚よりもゆるいパートナー制度を設けることで、未婚者同士の出会いを促進させるのが一番だと考えている。それによってパートナー解消の敷居も低くなるため、既に壊れているパートナー関係を解体させ、新たな相手との生活構築を促すことができる。

未婚既婚問わずに男女の出会いを活性化させることが、日本社会を盛り上げ、出生率の低下にも歯止めをかけることにも繋がる。そのとき、「結婚後は、生涯、ひとりの人間を愛さなければならない」といった、キリスト教的な結婚観は崩れ去るだろう。

それには乗り越えなければならない壁がある。2章においては、不倫バッシングをする人たちの声を取り上げたが、今は確固たるものがなくなりつつある時代だからこそ、保守的な声が大きくなっている。

未婚率の増加、出生率の低下、セックスレス夫婦の増加、そして不倫妻の増加といった問題がこれ以上顕在化するのであれば、国は何かしらの対応を取らざるを得ない。

結婚システムが解体されたとき、不倫妻たちは、枠からはみ出る存在ではなくなり、今のように良心の呵責に悩むこともなくなるのだろう。

あとがき

私がこれまで取材してきたのは、アダルトビデオやＪＫビジネス、風俗、暴力団や暴走族などの不良少年、裏仕事といったアンダーグラウンドな題材ばかりだ。不倫は専門外で、取り立てて関心を持っていたわけでもない。メディアで騒ぎ立てられている報道を見て、うんざりしている側だった。芸能人の誰が不倫していることなど、どうでもいいと考えていた。そして私は結婚すらしていない。

そんな私が不倫問題を書いてもいいのだろうかと不安も覚えつつ取材に取りかかったのだが、取材するうちに強く興味を惹かれる。

私が強く関心を抱くのは、社会のシステムから外れてしまった人たちだ。暴力団もＡＶ女優も、不良少年も、ＪＫビジネスに手を染めている女子高生たちも皆、今の社会のシステムと折り合いがつかずに、その枠から外れたところで生きている。私自身もそんな人間だったからだ。

そして不倫妻もやはり、社会のシステムに相容れない人たちだった。人は枠からはみ出たとき、うしろめたい気持ちを覚えつつも、自由になったという開放感や快感を覚え、自分の足で立とうとする。

善悪で言うと、それは少なくとも善に分類されるものではない。ただ、その道を選んだ彼女たちがどうなっていくのか、その顛末に興味を覚えた。逆風にさらされながらも、その禁じられた愛を貫き通していくのか、心を病んでいくのか、大きなトラブルに巻き込まれ、家庭を崩壊させてしまうのか。そして彼女たちが不倫をせざるを得なくなった事情を知るにつれ、今の結婚システムに多くの問題があることに気付いた。

本書を執筆する上で多くの人にお世話になった。

不倫という、なかなか人には打ち明けられない問題を語ってくれた不倫妻の皆さん、MR総合探偵社様、別れさせ屋の株式会社アクアグローバルサポート様、歌舞伎町で探偵業を営んでいた蓮実さん、主婦ライターの如月小百合さん、不倫座談会を催してくださった不倫カウンセラーの大木華さん、同じく不倫カウンセラーの小川さん。そして、編集者の吉田明二子さんと、鹿砦社の編集部には感謝してもしきれない。

井川楊枝（いがわ・ようじ）
1976年生まれ。早稲田大学第一文学部卒業。大学在学中に舟橋聖一顕彰青年文学賞受賞。都内で映像と出版、タレントマネジメントの会社を経営。ライターとしては、暴走族やチーマーなどの不良少年、暴力団、裏仕事、AVや風俗、都市伝説などのアンダーグラウンドな分野に強い。著書に『女子高生ビジネスの内幕』（宝島社）、『モザイクの向こう側』（双葉社）、『ベースメント』（TOブックス）、漫画原作者として『余命一年のAV女優』（小学館）などがある。

日本人妻は、なぜ不倫をするのか

2018年4月1日初版第1刷発行

著　者—井川楊枝
発行者—松岡利康
発行所—株式会社鹿砦社（ろくさいしゃ）
●本社 / 関西編集室
兵庫県西宮市甲子園八番町2-1 ヨシダビル301号 〒663-8178
Tel. 0798-49-5302 Fax. 0798-49-5309
●東京編集室 / 営業部
東京都千代田区神田三崎町3-3-3 太陽ビル701号 〒101-0061
Tel. 03-3238-7530 Fax. 03-6231-5566
URL http://www.rokusaisha.com/
E-mail 営業部○ sales@rokusaisha.com
編集部○ editorial@rokusaisha.com

装　幀　鹿砦社デザイン室
印刷所　吉原印刷株式会社
製本所　鶴亀製本株式会社

Printed in Japan ISBN978-4-8463-1232-9 C0095